日常のひとときを
ワンランクアップしてくれる情報が
満載です。

自分らしく、素敵に。
「暮らしのルーティン」を
今日から取り入れてみてください。

暮らしのルーティン

Contents

01

建築設計者 ▶ 建築家二人暮らし

建築家二人暮らしさん

Kenchikuka
Futarigurashi

多忙な職種だからこそ
からだを第一に考える

会 社員時代は不規則な生活があ
る意味ルーティンだったとい
う建築家二人暮らしさん。2年前の
独立をきっかけに、自身のからだを
整える生活にシフトしました。夫婦
ともに建築家ということで、You
Tubeでは2人のセンスある暮ら
しぶりに憧れるフォロワーさんが多
く、インテリアはもちろん、ファッ
ションや日用品のセレクト、愛猫の
動画までも人気。ルーティンを意識
した生活を送るにつれて、今では自
然と健康がいちばんの資本であると
感じています。

PROFILE

[家族]　夫、猫1匹
[仕事]　フリーランス
[住まい]　東京都
　　　　　1R（マンション）
　　　　　6年目

建築家二人暮らしさんの 1 日

WEEKDAY

8:00 ▶	起床、ベッドの上でメールやニュースをチェック
8:15 ▶	白湯を飲む、to do リストを見る

Morning Routine Time
「仕事の効率を上げるための
朝時間を過ごす」

8:30 ▶	神棚の塩、米、水を替える
8:40 ▶	ベッドメイキング、食器片づけ
9:00 ▶	デスクを掃除、始業
10:00 ▶	仕事の合間に植物に水やり、BGM
12:00 ▶	昼食
18:00 ▶	夕食の準備、夕食、片づけ

Night Routine Time
「忙しくてもからだが休まる
環境を作る」

20:00 ▶	猫と遊ぶ
20:30 ▶	部屋を暗くしてリラックスモードで仕事
24:00 ▶	入浴、夫と雑談
24:30 ▶	軽いストレッチとお灸
25:00 ▶	就寝

HOLIDAY

8:00 ▶	起床
8:15 ▶	白湯を飲み、夫と雑談
8:30 ▶	神棚の塩、米、水を替える
8:40 ▶	ベッドメイキング、洗濯
9:00 ▶	夫と散歩
18:00 ▶	夫婦で夕食の準備、夕食、片づけ
19:30 ▶	コーヒータイム
20:00 ▶	猫と遊ぶ
21:00 ▶	プロジェクターで映画鑑賞
24:00 ▶	入浴
24:30 ▶	軽いストレッチとお灸
25:00 ▶	就寝

お気に入りの空間

リビングの一部にもなる畳ベッド

既成のローベッドフレームに、オーダーした畳をはめ込んだオリジナルベッド。布団をたためば、くつろぎの場に。

HOUSE DATA

キッチン、ダイニング、リビング、ベッドが隔てなくワンルームに。ベッドだけはプライベートな空間として、カーテンで仕切れるようになっています。

⏱ 8:15

心

建築家二人暮らしさんの モーニングルーティン

仕事の効率を
上げるための
朝時間を過ごす

Routine：01

鉄瓶で湯のみ1杯分の水を 沸かして白湯を作る

白湯は鉄瓶で沸かすので、貧血の私にとって鉄分を摂取できることもメリット。朝食はとらないので、白湯を飲みながらからだを温めます。その日のto doリストをザッとiPhoneのメモを見て整理。

① 8:30

心

Routine：02

背筋がのびて 心もシャキッとする 神棚への礼拝

毎朝、仕事を開始する前に神棚の塩、米、水を取り替えて礼拝を行います。神棚を設置してから、朝の始まりを気持ちよく感じられるようになりました。神具は美濃焼きの「かみさまの線水玉」をセットで使用。

Routine：03

ベッドメイキングして
前日洗った食器を片づけ

8:40

家

見える範囲で家の中を整えます。毎日
家中を掃除するのは大変ですが、ここ
が整っていると気持ちがいいという最
低限の場所だけ押さえて。全部やらな
きゃというストレスが減ります。

9:00

学

Routine：04

作業しやすいように
まずは机の上を整える

几帳面なタイプではないですが、作
業を気持ちよく始められるようにデ
スクと食卓テーブルだけはリセット
します。仕事用の机の上をサッと拭
いて、キーボードの位置などを整頓。

10:00

学

Routine：05

YouTubeに
投稿しているBGMで
30分ごとに区切りながら
仕事する

仕事の合間に気分転換を兼ねて植物に
水をあげます。作業が軌道にのって
きたらYouTubeで自身のコンテンツ
として投稿している30分BGMを再生。
リラックスしながらも集中して仕事が
できます。

建築家二人暮らしさんの

ナイトルーティン

忙しくても
からだが休まる
環境を作る

Routine : 06

からだにやさしいシンプルな 調理法で旬の食材を味わう

腸環境を整えるために、普段の食事に発酵食品を積極的に取り入れています。忙しいときは、切った野菜を入れるだけの具だくさんみそ汁が定番。無印良品の「発酵ぬかどこ」もお気に入り。

WEEKDAY

⏱ 18:00

食

WEEKDAY

⏱ 19:30

食

Routine : 07

夕食を食べた後は 食休みとして お茶の時間を設ける

実家にいたときからの習慣で、この時間が落ち着きます。間食を減らして胃を休めることを意識しているので、お菓子を食べるにしても食事の後に間をあけず、お茶と一緒にいただきます。

🕐 20:30

学

Routine : 08
休憩したら
照明を絞って
仕事を再開する

部屋全体を明るくする天井のベース
照明は消して、「イサム・ノグチ」の
デスク照明だけを点灯。夜も引き続
き仕事をしていますが、部屋の明る
さは最低限にし、就寝に向けてリラッ
クスモードにしていきます。

WEEKDAY

🕐 23:00

学

Routine : 09
今後のやることを整理し
入眠をスムーズにする

ソファの上でゴロゴロしながら、や
るべきことや課題などをiPhoneにメ
モして整理しておきます。翌朝スムー
ズに作業に入れるように、明日やる
こともこの時間にリスト化。朝は確
認するだけです。

WEEKDAY

🕐 24:30

美

Routine : 10
毎日の入浴後のお灸で
悩んでいた冷えも改善

入浴後、軽くストレッチしてお灸を
します。足の冷えを抑えられたらと
思って始めた東洋医学。冷えに効く
とされるツボを押しながら、お灸の
香りに包まれるひとときが落ち着き
ます。

毎日続ける コツ

続けることを 目的にせず 無理しない

続かないことは無理をしません。忘れたらそれはそれでよし。「これは気持ちがいいな」という感覚は大事にします。

心に余裕が ないときの 整え方

大変だったときや過去のことを思い出して考える

つらいときは仕事でいちばんハードだったときを思い出すと「あまり大したことはない」と思えます。仕事の経験が糧に。

心身の 健康の ために

空腹の時間を確保して胃を休める

オートファジーのサイクルで胃を休めるようにしています。就寝を利用して12時間〜16時間食事しない時間を確保。

家族との 関わり方

同業だからこそ夫の気持ちがよく理解できる

私も夫と同じ設計事務所勤務だったので、集中したいときや忙しいときが分かります。予定はきっちりとは組みません。

これからの 目標

自分自身が健康であることが資本である

20代は多少無理をしてでも仕事をするのが当たり前でしたが、30代になり気持ちも変化。心身の健康がいちばんです。

やめたこと・しないこと

洗濯後、衣類はハンガーにかけそのままクローゼットへ

衣類はたたみません。誰が見るわけでもないので自分ができる範囲で。やらないことを決めるのも家事のうちと考えています。

今あるお金を何に使うか考えて何でも節約思考はやめる

もちろんお金は限られていますが、時間も有限です。自分への投資ややってみたいことにはお金を使うようにしています。

仕事や家事の隙間時間に
ドリップコーヒーを淹れる

焙煎コーヒー店を経営している友人から、ドリップの奥深さとマニアックな世界を教えてもらい、興味が湧いたのがきっかけ。日によって味も変わるので練習しているところです。

デスクワークによる猫背矯正や
運動不足解消にもおすすめ

猫背を治すために買ったストレッチポール。肩甲骨が伸びる気持ちよさに加えて、静かに集中する5分ほどの時間で心も落ち着きます。リフレッシュしたいときにもぴったり。

extra routine
おまけの
ルーティン
01

都会でも自然を感じられる
公園でゆるめの有酸素運動

体温が上昇してから急に下がると眠気が襲ってくるので、汗だくにならない程度のゆるランをします。自宅に庭がないので、外の気持ちよさは都市部の公園でアウトソーシング。

管理が大変なぬか漬けも
手軽に作れるように

腸内環境を整えることを意識して、納豆やキムチは常備。野菜のぬか漬けは無印良品の「発酵ぬかどこ」で作っています。週1回かき混ぜるだけの管理は楽で続けやすい！

暮らしに道筋を立てると
余計なことに迷わなくなった

2 人の子どもを育てながら、マクロビオティックの講師を務める奏さん。育児と仕事で日々を忙しく過ごすなかでより心地のよい暮らしを求め、シンプルな生活＝無地な生活（muji seikatsu）をテーマとしています。できる限りものは少なく、省スペースで暮らす工夫をYouTubeで発信し、テレビや書籍で人気の主婦YouTuberとして注目されるように。ルーティンは守りつつも「暮らしは常に変化と成長を遂げるもの」と考え、柔軟に生活と向き合っています。

PROFILE

［家族］ 夫、子ども2人
（3歳、5歳）
［仕事］ 講師
［住まい］ 関東地方
1K（マンション）
6年目

奏 (KANA) さんの 1日

WEEKDAY

4:30▶ 起床、身支度、白湯を飲む

☀ *Morning Routine Time*

「子どもたちが起きてくるまでが
貴重な自分時間」

4:50▶ 換気、お香を焚く

5:00▶ 作業時間（SNSなど）

6:00▶ 土鍋でごはんを炊く

6:30▶ 朝食の準備、作業テーブルの片づけ

7:00▶ 夫と子どもたちが起床

7:10▶ 朝食、子どもたちの身支度

8:00▶ 家事、夫と子どもたちが保育園へ

9:00▶ 始業

17:00▶ 終業、夫と子どもたちが帰宅

18:30▶ 夕食、入浴、スキンケア

🌙 *Night Routine Time*

「日々のひと手前で
毎日をより過ごしやすく」

21:00▶ 就寝

HOLIDAY

4:30▶ 起床、身支度、白湯を飲む

4:50▶ 換気、お香を焚く

5:00▶ 作業時間（SNSなど）

7:00▶ 土鍋でごはんを炊く

7:30▶ 朝食の準備、作業テーブルの片づけ

8:00▶ 夫と子どもたちが起床、朝食

9:00▶ 家事、子どもたちと公園へ

18:30▶ 夕食

19:30▶ 入浴、スキンケア

20:00▶ お米を水につける

21:00▶ 就寝

お気に入りの空間

豊かな自然を感じられる眺望

夫婦で自営業のため家で過ごすことが
多く、リビングの窓から見える緑が日々
の癒し。心が落ち着きます。

HOUSE DATA

コンパクトな間取りなので、どこにいても子どもたちの様子が分かります。窓にカーテンをつけていないことにより、開放感のあるところもお気に入り。

⏱ 4:30 美

奏（KANA）さんの
モーニング
ルーティン

子どもたちが
起きてくるまでが
貴重な自分時間

Routine : 01
水分補給も兼ねて
淹れたての白湯を飲む

朝起きたら、お気に入りの「柳宗理」のミルクパンでお湯を沸かして白湯を作ります。最初は口に含んでしばらく待ち、夜の間に乾いた口の中を潤して。ゆっくり飲んで白湯の味を楽しみます。

WEEKDAY

⏱ 4:30

Routine : 02
熱湯につけて
タオルパックを作る

タオルの両端を持って中心部だけ湯につけると、持つところが熱くないのでおすすめ。生姜入りのお湯でやさしく顔をパックすると、血行が一気によくなって目もぱっちり覚めます。

美

Routine : 03

空気を入れ替えて
緑を眺めながら
リフレッシュ

窓を開け、部屋の空気を入れ替え
て頭をすっきりさせます。朝は手
早く無駄なく、かつ丁寧に1日を
始められるように意識。朝型の生
活で夜は21時に寝るので、朝のう
ちにできる作業は終わらせます。

WEEKDAY

4:50

心

WEEKDAY

6:00

食

Routine : 04

前の晩に洗っておいた
米を土鍋で炊く

「NEWマスタークック3合炊飯用
土鍋」でごはんを炊きます。沸騰
してくると部屋中にごはんのおい
しい香りが漂って幸せな気持ちに
なります。ごはんを蒸らす間にお
かずやみそ汁を準備。

Routine : 05

軽い運動を挟んで
仕事のスイッチを
ONに

自宅で仕事をしているの
で気持ちの切り替えは必
須。子どもたちを送り出し
たらストレッチなどの運動
をします。時間があるとき
は「Nintendo Switch」の
「リングフィットアドベン
チャー」をやることも。

WEEKDAY

8:30

趣

Routine : 06

食事は家族揃ってとり
だんらんの時間を設ける

家族4人で揃って食事をします。夫婦ともに
基本は在宅勤務なので朝食と夕食はみんなで
一緒に食べることができています。おしゃべ
リを楽しめる、幸せなひとときです。

Night Routine

奏（KANA）さんの
ナイト
ルーティン

日々のひと手前で
毎日をより
過ごしやすく

WEEKDAY

⏴ 18:30

食

WEEKDAY

⏴ 19:30

美

Routine : 07

保湿・浸透ケアで
トラブル知らずの
肌をキープ

入浴後は化粧水をたっぷり使っ
て肌に水分を補給。その上から
浸透しやすいように手でじんわ
り温めて、柔らかくのばしたシ
アバターを多めに塗り、水分に
蓋を。このケアが私の肌にはい
ちばん合っています。

⏰ 19:30

美

Routine : 08

夕食後の口腔ケアは
フロスと歯磨きで念入りに

自分の歯で一生ごはんを食べ続けたいので、虫歯予防は徹底して行っています。また、夜はできるだけ早い時間にごはんを食べ終えるのがマイルール。消化が落ち着いてから寝たいので、ゆっくりと遅くまで食べるということはしません。

⏰ 20:00

食

Routine : 09

夜のうちにお米を洗って
翌朝の準備を楽にする

米を洗って水を切ったら、ビニール袋に入れて冷蔵庫へ。翌朝に向けての先取り家事で炊飯がグッとスムーズになります。中蓋つきの土鍋で、ごはんもふっくらおいしく炊けます。

⏰ 21:00

住

Routine : 10

心地よい寝具で
ゆっくりと眠りの世界へ

毎日を健やかに暮らすためには良質な睡眠を取ることが大切です。寝具にはこだわり、包まれるような安心感があるオーガニックコットン100%の布団を愛用。ほおずりしたくなる気持ちよさです。

原因と結果の法則を意識して先に備える

大切にしている言葉

「目の前のできごと（結果）には原因がある」。今を変えれば未来は変わると信じ、毎日を積み重ねるようにしています。

毎日続けるコツ

自分を責めない

できる範囲でやりできるときに

頑張りすぎないこと、こだわりすぎないこと。「またできる」と思ったときから再開すれば、長期的にはプラスです。

これからの目標

子育てしたい人が増える世の中にしていきたい

予定通りにいかないときがあっても、まずは私のせいでも子どものせいでもないと考えるようにし、その上で改善します。

家族との関わり方

当たり前予定がずれるのも子どもが小さいうちは

心身の健康のために

マクロビを推奨丸ごといただく自然の素材を

なるべく自然のものを取り入れるマクロビオティックを実践しています。口に入るものや身につけるものは厳選！

子育てしやすい世の中にしたいという思いがあり、わが家の様子を発信することで参考にしてもらえればと考えています。

やめたこと・しないこと

会社員を辞めて
通勤時間の負担をカット

通勤せずに在宅でできる仕事にチェンジ。子どもに何かあってもすぐに保育園に駆けつけられるので、心身の負担が減りました。

自分の代わりでもできることは
潔く手放す

洗濯物干しは乾燥機に、掃除のメインはロボット掃除機に頼ります。私は機械ではできない細かい部分やメンテナンスに集中。

備えあれば憂いなし！
必要なものをこまめに見直し

防災リュックはいざというときに大切な家族を守るためのもの。食料の賞味期限や子ども服のサイズを定期的にチェック。夫と私の2人分を玄関に置いて、すぐ持ち出せるように。

癒しになるグリーンは
家の中でひとつだけ育てる

田舎で育ったこともあり、緑が大好きで近くにあると落ち着きます。ポトスは放ったらかしでも適度に水をあげていればぐんぐん育ってくれるので楽です。部屋のアクセントにも。

extra routine
おまけの
ルーティン
02

一度使ったら手放せない
夏はさっぱり冬はふっくら仕上げ

布団乾燥機を使えば、雨の日でもカラッとした布団に仕上がります。天日干ししたような触り心地のよさで、毎日気持ちよく就寝。マットタイプよりホースタイプが使いやすい！

みそ汁をおいしく仕上げる
ちょっとしたひと手間

みそ汁のみそは、必ずすり鉢ですってから鍋に入れています。みそ濾しで濾すよりもみそのきめが細かくなって沈みにくく、少量でもおいしく仕上がるんです。

mii さん

貯蓄系インスタグラマー

mimii_room

mii

無理なく続けられる節約術で
600万円の貯金を達成

主に「ひとり暮らしで楽しく節約貯金」をテーマにしたインスタグラムの投稿が人気のmiiさん。現在、都内で暮らしながら600万円の貯金を達成。「貯金は日々の積み重ね。ルーティンも同じで、私がやるべきことは毎日変わらないです」。miiさんの節約ルーティンは、光熱費を削るためにこまめにスイッチを切るのではなく、契約プランから見直すなどの、誰でもすぐできて長期的に続けられるものばかり。過度なことをしないのが成功の秘訣とのことです。

PROFILE

[家族] ひとり暮らし
[仕事] 会社員（フルタイム）
[住まい] 東京都
1K（アパート）
2年目

mii さんの 1日

WEEKDAY

| 8:00 ▶ | 起床、洗顔 |

☀ *Morning Routine Time*
「リモートワークに向けて
始業の準備をする」

9:00 ▶	始業
10:00 ▶	仕事が一段落したら朝食
13:30 ▶	昼食
17:30 ▶	終業
18:00 ▶	リングフィットアドベンチャーで運動

🌙 *Night Routine Time*
「健康のために食事や睡眠を
おろそかにしない」

18:30 ▶	入浴
19:30 ▶	夕食の準備
20:00 ▶	夕食
20:30 ▶	インスタグラムの投稿や返信
22:00 ▶	片づけ
23:00 ▶	自由時間（読書、友人とLINEなど）
24:00 ▶	就寝

HOLIDAY

9:00 ▶	起床
10:00 ▶	掃除
11:00 ▶	買い物
12:30 ▶	昼食
14:00 ▶	インスタグラムの投稿を作成
16:00 ▶	おやつ休憩
19:00 ▶	夕食の準備
20:00 ▶	夕食
21:00 ▶	入浴
22:00 ▶	片づけ
23:00 ▶	自由時間（読書、友人とLINEなど）
24:00 ▶	就寝

お気に入りの 空間

大好きなものが視界に入るソファ

部屋の中でいちばん落ち着くのがソファ。窓からの風でカーテンが揺れる様子を見ていると、気持ちも穏やかに。

（間取り図）
玄関／トイレ／洗面所／お風呂／キッチン／収納／リビング

HOUSE DATA

ひとりで家事をしたり、ゆっくり過ごしたりするにはちょうどよい1K。大きな窓があるので日光や風が入りやすく、明るい気分になれます。

家

🕐 8:00

Morning Routine

miiさんの

モーニング

ルーティン

リモートワークに
向けて
始業の準備をする

Routine：01

日光を浴びると
今日も頑張るぞ！という気持ちに

起床と同時に、カーテンと窓を開けて寝室の空気を入れ替え、日光を浴びます。これで目覚めもすっきり。その後、マットレスをたたんで立てかけ、風を通します。これでカビの心配もありません。

美

🕐 8:10

Routine：02

肌に優しく洗顔をして
しっかり保湿

ぬるま湯で洗顔し、化粧水、乳液でしっかり保湿します。「オルビスユー」は保湿力の高さがお気に入り！ コスメは衝動買いすると意外と使わなかったなんてこともあるので、欲しいと思ったら吟味します。

Routine : 03

毎朝コップ1杯の水を飲み
健やかなからだを目指す

8:30

美

カフェでバイトをしていたときのお気に
入りのマグカップで、毎朝水を飲んでい
ます。1日1.5ℓ〜2ℓ飲むとからだによ
いと聞き、朝のうちに500㎖ほど飲んで
しまうことが多いです。

WEEKDAY

8:40

美

Routine : 04

目元にポイントをおいて
リモート会議もOKのメイク

この1年ほど在宅勤務になっているので、
メイクはかなり薄めです。ノーファンデで
すが、日焼け止めは家の中だけで過ごす日
でもしっかり塗っています。アイメイクは
少しだけ丁寧に。

WEEKDAY

10:00

食

Routine : 05

味変すれば飽きない！
手軽なグラノーラ朝食

仕事が始まってから、ちょっと落ち着
いた時間に朝食をとります。手軽に食
べられるフルーツグラノーラかトース
トが多め。グラノーラはきな粉やココ
アを加えたり豆乳にしたり、気分で。

Routine : 06

デスクワークの運動不足を
おうちの中で解消する

終業後に、ちょっとゴロゴロしたら「Nintendo Switch」の「リングフィットアドベンチャー」で運動。平日はずっとデスクに座っているので、少しからだを動かすだけでかなりの気分転換になります。

WEEKDAY

⏱ **18:00**

趣

🌙

Night Routine

My routine
03

mii

miiさんの ナイト ルーティン

健康のために
食事や睡眠を
おろそかにしない

WEEKDAY

⏱ **18:30**

美

Routine : 07

平日はシャワーで済ませ
週末にゆっくり
湯船に浸かる

平日は翌日に備えて早めに寝たいので、時間を節約してシャワーだけで済ませることが多いです。上がったらすぐにスキンケアをし、ドライヤーをして肌と髪の毛のケアをします。

WEEKDAY

⏱ 19:30

食

Routine : 08

2日に1回は
夕食をまとめて作り
時間とお金を節約

みそ汁を作りながら主菜を作っていき
ます。副菜は基本的にのせたら完成で
きるような納豆や冷奴、電子レンジで
簡単に調理できるものなど。医療費を
かけたくないので、健康のために一汁
二菜が基本です。

WEEKDAY

🕐 20:00

食

Routine : 09

テレビ番組を観ながら
ゆっくりとごはんを食べる

夕食は簡単に作りますが、ひとり暮らし
でもしっかり3食を食べるようにしてい
ます。夕食を食べる時間は「TVer」で見
逃したバラエティ番組や、アニメ作品を
観ることが多いです。至福の時間！

WEEKDAY

🕐 23:00

学

Routine : 10

読書ノートを書いて
内容をインプットする

寝る1時間ほど前から間接照明にしま
す。自由時間としていますが、基本は
本を読むことが多いです。自己啓発本
が多く、読書ノートを書いて内容を忘
れないようにしています。

毎日続ける コツ

やることを
可視化すると
行動につながる

意志が弱いので、頭の中で思っている
だけではなかなか実行に移せません。
紙に考えを書き出すとやる気に。

大切に している 言葉

どんなときも
「笑う門には
福来る」

楽しいときに笑うことは誰でもで
きること。しんどいときに笑える人
ほど尊敬しますし、私自身もそん
なときこそ笑顔で頑張りたいです。

心に余裕が ないときの 整え方

疲れているときは
時間をかけて
丁寧に自分を労う

キャンドルをつけたり、好み
の入浴剤などを入れてゆっく
り湯船に浸かったり。普段よ
り時間をかけるのがポイント。

心身の 健康の ために

食、運動、睡眠の
基本を守るのが
いちばんからだにいい

腹八分目で食べすぎない、適度な運動、
しっかり寝ることの3つです。たまには
スイーツを食べてストレスフリーに。

家族との 関わり方

たわいもない
話しをするだけで
心に余裕ができる

寂しくなったら家族
に電話をかけます。
特に用事がなくても、
家族が元気なことを
実感できるだけで安
心するんです。

やめたこと・しないこと

**相手に期待しすぎなければ
自分が楽になれる**

LINEの返信やプレゼントのお返しなど「私
がしたのに返ってこない」なんて思うのは
やめました。いい意味で期待しません！

**自炊は毎日しない
辛いときはレトルトも OK に**

毎日の自炊はしんどいときも。2日同じ料
理でも飽きないよう、副菜で工夫していま
す。レトルト食品を常備しておくと便利。

手書きにすると
頭に入りやすいのでおすすめ

家計簿をつけて、どこにお金を使っているの
か支出を見直しています。毎日は大変なので
1週間分を1回にまとめて。手書きにするこ
とで、より客観的に見返せていると思います。

普段とは少し違う
美容タイムで特別感を味わう

週に1～2回は酵素洗顔で角質を取り、少し
高めのパックをして肌をケアしています。い
つもより丁寧に、ちょっと異なったルーティ
ンをすることで気分転換にもなるんです。

extra routine
おまけの
ルーティン
03

休日のスタートに掃除を
済ませると気分もすっきり

週末の朝は平日よりも時間をかけて丁寧に掃
除します。掃除機をかけて「クイックルワイ
パー」で床をきれいに。時間がある週末に掃
除機でラグやソファのホコリを取ります。

YouTube の暮らし系動画は
日常のモチベーションアップに

ゆっくりしたいときは動画を観ています。参
考にしたい暮らしや憧れの人の暮らしの動画
を観ると「私もやってみよう！」という気持
ちになります。実際に取り入れることも。

毎日お世話になっている
日用品

おうち時間に欠かせないアイテムや、リピートすること間違いなしの消耗品が満載。
ぜひ、参考にしてみてください。

Sghr スガハラ
トモミ タンブラー

特徴的なくびれた形状がきれいで、手にとったときのフィット感もたまりません。このグラスでつい飲みたくなるので、水分不足になりがちな生活も解消です。

01

建築家
二人暮らしさん

02

奏（KANA）さん

マスタークック
NEWマスタークック
3合炊飯用土鍋

内蓋がついているので、しっかりと圧力がかかり、ごはんが簡単にふっくらと炊けます。鍋底に穴もないので、鍋を洗った直後から火にかけられるのもありがたいです。

ダイニチ・コーポレーション
サンサンスポンジ

使い始めてみるとかなり持ちがよく、捨てるタイミングが分からなくなるほど長持ちします！　開封前は薄く圧縮されているため、常備していても場所を取りません。

03

miiさん

04

sayaka.さん

DAISO
アルカリ電解水

100円ショップで購入できるうえ、水が原料なのに油などの汚れも落とせるので、キッチンリセットには欠かせません。泡ではなく液体のため、拭き取りも楽チン。

みほさん

05

東洋アルミ
**整流板付専用パッと貼るだけ
スーパーフィルター**

レンジフードの掃除は大変なので、整流板の上から丸ごと覆うことができるこのフィルターを使っています。1〜2カ月に1度このフィルターを貼り替えるだけでOK！

KEYUCA（ケユカ）
Raun 耐熱ダブルウォールカップ

06

みゅうさん

水滴がつきにくいのが気に入って毎日使用しています。二重構造なので温かい飲み物を入れても熱が伝わりにくく、保温・保冷効果で温度をキープできるところも役立っています。

10

しょ〜こ
SHOOOKO

しょ〜こさん

工房正島・正島克哉
炊飯土鍋

1合分というサイズがわが家にピッタリ。おいしく炊き上がるのはもちろん、見た目もかわいく、しゅんしゅんと湯気が出る様子を眺めるのも楽しいです。

KINTO（キントー）
UNITEA ティーウォーマー

11

miuさん

ゆらゆらとしたキャンドルの火がティーポットを温かいまま保ってくれます。機能性はもちろん、キャンドルの灯かりに癒されて、ティータイムがさらに楽しい時間に。

14

Chii

ちぃさん

i WALK（アイウォーク）
超小型モバイルバッテリー

日常における必需品は、コンパクトであることを重要視しています。充電中も邪魔にならないサイズ感で、おまけに軽量なところも嬉しいポイントです。

sayaka.

自分の性格に合うルーティンを
探すことが長続きする秘訣

PROFILE

[家族] 夫、猫2匹
[仕事] パートタイム
[住まい] 北海道
　　　　 4 LDK（一軒家）
　　　　 7年目

ゆ
る家事で人も猫も快適な暮ら
しを目指しているという
sayaka.さん。もともと汚部
屋になりがちで、片づけや掃除が苦
手だったと話します。「すぐにサボ
り癖がついてしまうので、SNS
などを参考に片づけのルーティンを
決めました」。まとめて掃除をする
と長続きしないので、まずはついで
に片づけることをリピートすること
に。きっちりしすぎないこともポイ
ントだそう。ルーティンを取り入れ
てからは気持ちもすっきり暮らせて
います。

sayaka.さんの 1日

WEEKDAY

| 7:00 ▶ | 起床 |

☀ *Morning Routine Time*

「こまめな掃除で
面倒な家事をため込まない」

7:05 ▶	軽くトイレ掃除
7:10 ▶	身支度（洗顔、歯磨き、着替え、メイク）
7:30 ▶	猫の朝食
7:40 ▶	自分の朝食
8:00 ▶	出勤
14:00 ▶	帰宅、洗濯、昼食
15:30 ▶	掃除機をかける、小掃除、休憩
17:30 ▶	入浴、お風呂リセット

🌙 *Night Routine Time*

「空間リセットはなるべく
その日のうちに」

19:45 ▶	夕食、片づけ、キッチンリセット
21:15 ▶	自由時間
22:30 ▶	リビングのモップがけ
22:45 ▶	歯磨き、洗面台リセット
23:00 ▶	就寝

HOLIDAY

8:00 ▶	起床
8:05 ▶	トイレ掃除
8:20 ▶	猫の朝食
8:30 ▶	身支度（洗顔、歯磨き、着替え、メイク）
9:15 ▶	洗面台掃除、洗濯
9:30 ▶	白湯と軽い朝食とともにスマホタイム
9:50 ▶	掃除機をかける
10:00 ▶	小掃除
11:00 ▶	外出
17:00 ▶	帰宅
17:30 ▶	入浴、お風呂リセット
18:30 ▶	猫と遊ぶ
18:45 ▶	夕食の準備
19:45 ▶	夕食、片づけ、キッチンリセット
21:30 ▶	自由時間
22:30 ▶	リビングのモップがけ
22:45 ▶	歯磨き、洗面台リセット
23:00 ▶	就寝

お気に入りの空間

ものが増えすぎないように工夫

部屋にあるクローゼットは、好みのナチュラルなテイストで統一しながら、使いやすさも重視。

HOUSE DATA

キッチンからリビング全体を見渡せるので、猫の様子が確認しやすいです。キッチンのすぐ後ろに洗面所があるので、家事導線が楽になっています。

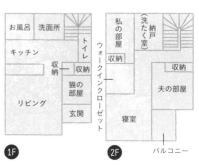

☀
Morning Routine

sayaka.さんの

モ
ー
ニ
ン
グ

ル
ー
テ
ィ
ン

こまめな掃除で
面倒な家事を
ため込まない

⏱ 7:05

家

Routine : 01

毎日使う場所だから
平日は軽く休日はしっかり掃除

平日は7時すぎ、休日はちょっと遅めで8時すぎ
には掃除を開始。汚れがつきやすいトイレは軽く
拭き掃除します。平日は軽い掃除だけ。ほこりを
取って便座周りを拭いたら床を拭きます。

⏱ 7:10

美

Routine : 02

家事をする前に
白湯を飲んで
からだを温める

好きなカップで白湯を飲み、か
らだを温めてからスタートする
とよい1日になる気がします。白
湯を飲むときはリビングのお気
に入りのスペースで飲むことが
多いです。朝日を浴びながらゆっ
くり飲みます。

Routine : 03

猫と戯れる時間が
1日の中でいちばんの癒し

休日は用事によって帰宅時間がまちまち
になることも。できるだけ朝のうちに、
猫のモコちゃんとニコちゃんと遊んであ
げるようにしています。平日はお風呂上
がりに遊ぶことが多いです。

Routine : 04

気分もよくなる小掃除で
きれいな部屋をキープ

毎日の掃除プラス1カ所の掃除を心がけ
ています。このプラス1カ所がマイ
小掃除。朝の5～10分できれいにで
きるので気持ちもすっきり。仕事の日
は帰宅したお昼にやっています。

Routine : 05

猫の毛は1日1回
掃除機できれいにする

夜は疲れるので、朝か昼に掃除機をか
けるようにしています。猫の毛は抜け
やすく、毎日毛が落ちるので掃除機で
必ずきれいに。猫の鼻の跡も床につく
ので、床拭きも欠かせません。

Routine : 06

毎日リセットすることで
掃除がうんと楽に

入浴を済ませたら、ついでにお風呂場の汚れ
を軽く掃除して水切りをします。お風呂場を
使う前と同じ状態にリセットして、汚れをた
めないように。ついでなので苦になりません！

sayaka.さんの
ナイト
ルーティン

空間リセットは
なるべく
その日のうちに

WEEKDAY

🕐 17:30

家

WEEKDAY

🕐 21:00

家

Routine : 07

きれいなキッチンなら
翌日のモチベーションも
アップ

夕食の後は片づけのついでにキッチンを
掃除。目立つ汚れを落とし、シンクの水
分を拭き取って除菌。次の日の朝、すっ
きりした気持ちでキッチンに立てるので
疲れていても必ずやります。

🕐 22:30

家

Routine：08
寝る前の
静かな時間に
軽く掃除をしておく

毎晩リビングをモップがけして
から寝るようにしています。昼
間に掃除機をかけるのですが、
その後で落ちた猫の毛を軽く掃
除するためです。モップはドラ
イシートをつけて乾拭きします。

WEEKDAY

🕐 22:45

家

Routine：09
歯磨きのついでに
洗面台を使いやすく
リセットする

朝から夜まで歯磨きや手洗いな
ど頻繁に使用する洗面所。水が
飛び散りやすくほこりもつきや
すいのでこまめな掃除がいちば
ん！ 洗面台を夜のうちにリセッ
トしておくと、朝に使うときも
気持ちがいいです。

ストックをして
程よく持つ暮らしに
変化してきた

毎日続ける コツ

曜日ごとに
決まった場所を
小掃除する

月曜はキッチン、火曜はリビングなど場所ごとに掃除する曜日を決めています。すぐ掃除に取りかかれるように。

ニューノーマルな暮らし方

以前はストックをしていませんでしたが、今は少し備蓄もするように。持たない暮らしから、持ちすぎない暮らしに。

心身の健康のために

とにかくストレスを溜めないことです。食事にも気を配り、できるだけ添加物が少ないものを選ぶように心がけています。

心とからだの
健康は食事から
作られていく

心に余裕がないときの整え方

ひたすら掃除！
きれいになると
心も整ってくる

暮らしの充実！
目下の目標は
朝活をしてみたい

これからの目標

朝のルーティンをもっと充実させたいと思っています。いつか個人で本が出せるような暮らしを目指したいです。

どこか1カ所でもいいので無心で掃除します。乱れているところを整える、不用品を手放すなども効果的です。

やめたこと・しないこと

**自分や夫に無理を強いる節約は
長い目で見たらアウト！**

過度な節約はフラストレーションにもなるし、何より長続きしづらいです。貯金も大切ですが、食費や欲しいものは我慢しすぎない！

**家事で無駄と感じる作業は
あえてやらないようにする**

調味料の詰め替えや作り置きなど、自分に合わないと感じる家事は避けます。その時間を別のことに充てるほうが効率的でした。

お椀に入れてお湯を注ぐだけで
あっという間にみそ汁が完成

みそ玉はみそと具を丸めて冷凍したもの。時間があるときに作っておくと便利です。普段作り置きはしませんが、みそ汁は毎日の献立にあるためこのストックだけは欠かせない！

無駄買いも防げる！
お肉は月１回購入して冷凍

月に1回の特売日にお肉をまとめ買いして、冷凍保存しています。「使い切れなかった！」なんてこともないし、結果的に安く済んでいるので、節約にもつながります。

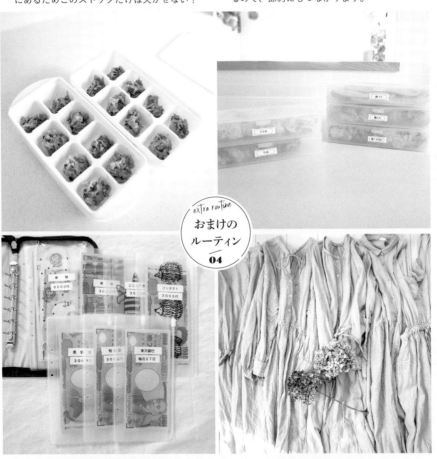

extra routine
おまけの
ルーティン
04

お金をファイルに入れるだけで
自然と貯めやすくなる

給料日になったら、決まった額をファイルに入れる積み立て貯金をしています。出費の可能性があるときはあらかじめここで貯めて備えているので、慌てることもありません。

好きなもの、増えやすいものは
定期的に収納を見直す

「ひとつ買ったらひとつ手放す」を購入時のマイルールとしています。クローゼットは定期的に見直しを。このルールのおかげでものがあふれなくなりました！

自身の育児の経験を活かして
時短調理や家電も取り入れる

PROFILE

[家族] 夫、娘2人（6歳、4歳）
[仕事] フリーランス
[住まい] 埼玉県
3SLDK（マンション）
2カ月目

丁寧な暮らしというよりは、程よく力を抜いた「きちんとした暮らし」を目指しているmihoさん。YouTubeでは自身の過去の家事の失敗や経験などをもとにたどり着いた、家事を楽にするためのルーティンや掃除、料理のコツなどを発信し、働くママから人気を集めています。「子どもに家事を中断されても、ルーティン化しておけばやるべきことに迷わず戻れます」。できるだけ同じペースで日常を送り、やるべきことも効率よく回しています。

みほさんの 1 日

WEEKDAY

- **6:00 ▶** 起床、朝食作り、身支度
  - ☀️ *Morning Routine Time*
  - 「隙間時間でできる家事は進めておく」

- **6:25 ▶** 「Eテレ」のラジオ体操
- **6:35 ▶** 着替え、子どもたちを起こす
- **6:50 ▶** 子どもたちの身支度、朝食
- **7:45 ▶** 掃除、見送り、夕食の下ごしらえ
- **9:00 ▶** 始業
- **12:00 ▶** 昼食
- **17:00 ▶** 終業後、次女の保育園へお迎え
- **17:30 ▶** 帰宅
- **17:35 ▶** 夕食の準備、洗濯、夫と子どもたち入浴
  - 🌙 *Night Routine Time*
  - 「子どもとの時間と自分時間を両立させる」

- **18:30 ▶** 夕食
- **19:30 ▶** 子どもたちと絵本タイム、寝かしつけ
- **21:00 ▶** キッチンリセット、入浴、自由時間
- **23:30 ▶** 就寝

HOLIDAY

- **7:00 ▶** 起床
- **8:00 ▶** 朝食
- **10:00 ▶** 子どもたちと公園へ
- **12:00 ▶** 昼食
- **14:00 ▶** 買い物、図書館へ
- **17:30 ▶** 入浴
- **18:00 ▶** 夕食
- **19:30 ▶** 子どもたちと絵本タイム
- **20:00 ▶** 寝かしつけ
- **21:00 ▶** 自由時間
- **23:30 ▶** 就寝

お気に入りの空間

料理が運びやすいキッチン

白いオープンキッチンは部屋全体が明るく見えるうえ、カウンター式なので子どもがよくお手伝いしてくれます。

（間取り図）
- 洋室
- 玄関
- トイレ
- 収納
- 洋室
- 収納
- サービスルーム
- 洗面所
- 収納
- お風呂
- キッチン
- ウォークインクローゼット
- リビング・ダイニング
- 洋室
- テラス

HOUSE DATA

中古マンションを購入してリフォームし、引っ越したばかり。セキュリティなどマンションのよさを継承しつつ、庭があるところもポイントです。

みほさんの
モーニング
ルーティン

Routine：01
簡単に食卓に出せて
子どもが食べやすいものを用意

朝食はいつも火を使わないものにしています。栄養バランスを考えて、たんぱく質がとれるようにおにぎりに鮭やしらすを混ぜたり、ビタミンがとれるようにトマトや果物を添えたりします。

WEEKDAY

食

① 6:00

隙間時間で
できる家事は
進めておく

WEEKDAY

趣

⚡ 6:25

Routine：02
テレビを観ながら
からだを動かして
運動不足を解消

家で仕事をしているので、少しでも運動する機会を増やすために平日は毎朝「Eテレ」のラジオ体操をします。小学生のころは嫌々やっていましたが、真剣にやると結構な運動量になるのでおすすめ。

Routine：**03**

朝食は必ず子どもたちと一緒に食べる

朝はバタバタしがちですが、朝食は子どもと食べるタイミングを合わせます。以前は時間に余裕がなかったのですが、2年前にフリーランスになってからは時間にゆとりを持てるように。

7:00

食

7:45

家

Routine：**04**

金運アップを目指してトイレと洗面所を掃除

平日は毎日トイレ掃除をしています。トイレ掃除を終えたら、手を洗うついでにハンドソープを使って素手で洗面所のシンクの掃除も。スポンジも洗剤も使わないので、続けやすいです。

8:45

食

Routine：**05**

ほったらかしできる調理家電に夕食はおまかせ

余裕があれば「ヘルシオ ホットクック」の予約調理機能を利用して、夕食の準備をします。夕方にちょうど1品できあがるように、朝のうちに材料などを切ってセットしておくと準備が楽。

🔼 17:35

食

Night Routine

My routine
05
Miho

みほさんの
ナイト
ルーティン

Routine : 06
簡単な汁物や副菜を準備して
サッと夕食を仕上げる

夫が在宅勤務のときは子どもたちをお風呂に入れ
てくれるので、その間に夕食を作ります。メイン
は「ヘルシオ ホットクック」で予約調理するこ
とが多いので、汁物や副菜などを用意するだけ。

子どもとの時間と
自分時間を
両立させる

Routine : 07
寝る前の読み聞かせは大事な
コミュニケーションの時間

夕食を済ませたら私も入浴を済ませ、子ども
たちと絵本タイムです。時間があれば好きな
絵本を読んであげたり、長女は自分で読みた
がるので私が聞き役になったりしています。

🔼 19:30

子

🕐 21:00

家

Routine : **08**

新しいキッチンを
ピカピカに保つ
リセットタイム

夕食の食器は夫が食洗機に入れてくれ
ますが、シンクの細かい掃除などは私
がしています。以前はしてなかったの
ですが、今はせっかくの新しいキッチ
ンを汚したくない一心で、毎日キッチ
ンリセットをします。

🕐 21:10

趣

Routine : **09**

子どもたちが寝たら
自分だけの時間を満喫

ドラマやYouTubeを観たり、本を読
んだり。仕事が終わっていない場合は
この時間に片づけることもありますが、
なるべく昼間に終わらせて夜は自分の
好きなことに充てるようにしています。

🕐 23:30

心

Routine : **10**

できるだけ早めに寝て
朝の活動効率を上げる

自分の自由時間も大切ですが夜更かし
は禁物！ 寝る時間が遅くなると翌日
眠くなり、家事や仕事の効率が落ちて
しまいます。できるだけ24時前まで
には寝るようにして翌日に備えます。

高くても
投資と捉えて
お金で時間を買う

「ときは金なり」。家電などを買うときは決して安くはないですが、先行投資をすることで時間の節約をしています。

ニューノーマルな暮らし方

大切にしている言葉

できる範囲でできることを家族と共有する

何も考えず早く寝るのがいちばんいい！

心に余裕がないときの整え方

家族みんなで夕飯を食べたり公園に行ったり。何気ない家族との時間を大切にするようになりました。

疲れていたり寝不足だったりすると気分が落ち込みやすいものです。そんなときは家事を放置してでも睡眠優先！

これからの目標

家族の健康がいちばんの願い
出版の夢も

結果を出すときは
目先だけでなく
長い目で見る

毎日続けるコツ

日々の小さな幸せに感謝し、家族と幸せに暮らしていきたいです。個人的な夢はホットクックレシピ本の出版です！

無理なときはやりません。でもそこで諦めず、翌日からまた続けるようにします。長い目で見て続けられたらOKです。

やめたこと・しないこと

子どもといるときに
ついSNSをみてしまうのを防止

子どもと一緒に過ごす時間は、スマホをそばに置くのをやめました。できるだけ子どもの顔を見て話したいからです。

「なんで？」をやめて
思考を切り替え前向きに捉える

「なんで〇〇なの？」と考えないようにしています。「どうすれば〇〇できるだろう」とポジティブに考えるように。

「ヘルシオ ホットクック」は
日々の料理に欠かせないもの

調理家電はもともと料理が苦手だった私の強い味方です。材料を切って入れるだけでおいしくできます。インスタグラムにレシピを投稿したところ、フォロワー数1万人超えに。

月に3回、
10年以上続けている趣味

家族でも仕事でもない、自分の居場所のひとつがフラダンスの教室。心地いい音楽に癒されながらからだを動かすことで、日頃のストレスや運動不足が解消されています。

extra routine
おまけの
ルーティン
05

引越しを機に収納を見直して
面倒な衣替えも不要に

服をたたむのが面倒でハンガー収納に変更。夏服から冬服まですべての服をかけています。所有量が分かりやすいので買い足すこともなくなり、子どもが着たい服もすぐ出せます。

近場に家族で出かけるだけで
幸せを感じられる

車がないわが家の休日は、家族みんなで近くの店にごはんを食べに行ったり、公園に行ったりして過ごします。大好きな家族と過ごす時間はかけがえのないものです。

みゅうさん

会社員・インスタグラマー

myu_12__

Myu

彼と暮らすアラサー OL女子の
ちょっとお得な生活術

PROFILE

[家族] パートナーと同棲
[仕事] 会社員（フルタイム）
[住まい] 関西地方
2LDK（マンション）
1年目

イ ンスタグラムのアカウントを
開設した一年半ほど前から、
暮らしのルーティンを意識するよう
になったというみゅうさん。SNS
でルーティン動画を見るうちに自分
も試してみたいと思い、できること
から取り入れるように。「きっちり
した性格ではないので、簡単な目安
だけを決めて行動するようにしてい
ます。以前よりも規則正しい生活が
送れるようになりました」。調子が
よいときの習慣を模範とすることで、
心もからだもすっきりと暮らせてい
るそうです。

みゅうさんの 1 日

WEEKDAY

7:20 ▶	起床、身支度

☀ *Morning Routine Time*

「バタバタの朝は避けたいから
余裕を持って行動」

7:35 ▶	メイク
7:50 ▶	朝食
8:00 ▶	彼をお見送り 掃除、夕食の下ごしらえ、インスタグラムの投稿を作る、読書など
9:30 ▶	始業
19:00 ▶	終業
19:30 ▶	彼が帰宅
20:00 ▶	夕食

🌙 *Night Routine Time*

「夜の自由時間を確保するために
早めに入浴する」

20:30 ▶	片づけ
21:00 ▶	入浴、スキンケア
21:30 ▶	自由時間（インスタグラム、映画鑑賞など）
23:00 ▶	ベッドに入って会話を楽しむ
23:30 ▶	就寝

HOLIDAY

8:00 ▶	起床、身支度
8:20 ▶	朝食、片づけ
9:00 ▶	掃除機担当と水拭き担当に分かれて床掃除
9:30 ▶	SNS用の写真撮影、買い物など
12:00 ▶	昼食、片づけ
13:00 ▶	平日のメイン料理の下味冷凍
14:00 ▶	自由時間（インスタグラム、YouTube、映画鑑賞など）
18:30 ▶	夕食、片づけ
21:00 ▶	入浴
21:20 ▶	スキンケア
21:30 ▶	自由時間 （インスタグラム、映画鑑賞など）
23:00 ▶	ベッドに入って会話を楽しむ
23:30 ▶	就寝

お気に入りの 空間

休日は映画を1本観るのが日課

寝室に「popIn Aladdin 2」というプロジェクターを設置。YouTubeや映画を壁に投影でき、ゆったり観られます。

HOUSE DATA

キッチンは壁つけタイプ。リビングはソファとキッチンの間にワークテーブルをおいて、食事スペースとくつろぎのスペースを分けるようにしています。

住

🔺 7:20

☀
Morning Routine

みゅうさんの モーニング ルーティン

バタバタの朝は
避けたいから
余裕を持って行動

Routine : 0 1

寝室に洋服を取りにくる彼に 起こしてもらう

朝は彼のほうが起きるのが早いです。起きたらすぐに布団を整えて、軽くベッドメイクをします。ベッドを少し整えるだけで寝室全体がきっちりして見えるので、気持ちのよい習慣になっています。

🔺 7:25

美

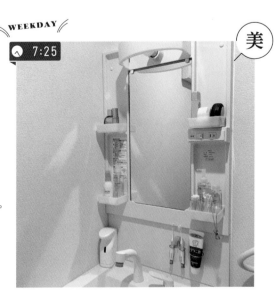

Routine : 02

洗面所に移動して スキンケアタイム

顔を洗うと気分もシャキッとします。油分を落としすぎないように朝は洗顔料などを使わず、水洗いのみです。保湿剤は「MINON アミノモイスト」。お気に入りのスキンケア用品で肌を整える時間が好きです。

Routine : 03
時間に余裕を持って
ゆっくりメイクを楽しむ

平日はスキンケアを済ませたらすぐにメイクをします。日の光が入るリビングでメイクをするのがちょっとしたこだわり。「ELIXIR つや玉ミスト」をひと吹きすると、化粧持ちがアップ！

7:35

美

7:50

食

Routine : 04
朝食はお気に入りのパンを
食べるのがマイルール

シンプルなデザインがかわいい「BRUNO」のオーブントースターを最近新調しました。毎日チョコチップパンをトーストして食べています。飲み物はココアかハーブティーを選ぶことが多いです。

8:00

趣

Routine : 05
始業前は好きなことをして
自分だけの時間を満喫

彼を見送った後はちょっとした自由時間。部屋の掃除をしたり、インスタグラムの投稿の準備をしたり、夕食の下ごしらえを軽く済ませておくなど、充実した朝時間を過ごしています。

🕐 19:00

食

My routine
06
Myu

みゅうさんの

ナイト
ルーティン

夜の自由時間を
確保するために
早めに入浴する

Routine : 06

外食は多くて月に3回程度
自炊する機会がグンと増えた

以前はよく外食も楽しんでいたのですが、お
うち時間が増えてほとんどなくなりました。
平日はできるだけ楽に過ごしたいので、休日
に作っておいた作り置きや下味冷凍を使って
料理することがほとんど。

🕐 19:00

家

Routine : 07

共働きだからこそ
家事は臨機応変に対応する

私は在宅勤務の日もありますが、私が出
社する日は彼が料理を担当してくれます。
逆に彼が出社する日は私が料理を担当。
2人とも働いているので、家事は無理の
ない範囲で協力しています。

① 20:30

家

Routine : 08

食事が終わったら すぐに お皿洗いをする

わが家ではメインの料理を作っていないほうが食器洗いをするルールです。食事が終わったら面倒になる前に早めに片づけてしまいます。毎日キッチンリセットまでして、きれいな状態を保つように。

⊘ 21:00

美

Routine : 09

オーダーメイド感覚の ヘアケアに癒される

「MEDULLA」は公式サイト上でいくつかの質問に答えると、自分に合ったヘアケア商品を届けてくれます。金曜日の夜は必ずお湯を張ってゆっくり湯船に浸かり、1週間の疲れを取ります。

⊘ 21:20

美

Routine : 10

目元をすっきり見せる 美容液でアイケア

入浴後は肌が乾燥しないようにすぐスキンケアをします。友達からプレゼントされた「クラランス」の目元美容液を愛用中。ベタベタせず、塗ると目元の肌が明るく見える気がします。

すぐできると思わず無理はしないこと

毎日続けるコツ

ルーティン化は簡単なことではないと思います。気負わず、最初はざっくりと時間を決めてから始めるといいです。

心に余裕がないときの整え方

嫌なことがあったら睡眠をとって翌日に持ち越さない

寝ても解消されないときは、好きなことをして気を休めます。同居する彼に話を聞いてもらうとすっきりすることも。

住環境をよりよくするためにお金を使う

おうち時間が増えてから家電や家具にお金をかけるように。コロナ前よりも、おうちにいることがさらに大好きになりました！

ニューノーマルな暮らし方

野菜を多くとり起床・就寝時間を一定にする

心身の健康のために

規則正しい生活をすること。夜に寝て朝に起きる、睡眠時間を7時間確保するなど、基本的なことを守っています。

規則正しい生活を続けながら健康に過ごす

これからの目標

ルーティンを意識しなくてもできるよう、習慣化したいです。心身ともに健康なまま年を重ねられたらと思います。

やめたこと・しないこと

衝動買いはお財布にも部屋にも優しくない

買ってから後悔したくないので、衝動買いはしません。一度欲しいと思ってもいったん立ち止まって本当に必要かを考えます。

すっきりと暮らすため部屋にものを増やさない

インスタグラムでも紹介していますが、部屋はシンプルなインテリアで統一しています。使わないものは置きません。

見た目と使いやすさを両立して
色は圧迫感のない白で統一

キッチンなど背の高い棚への収納は、取っ手つきの白い収納ボックスを使用しています。引き出しやすくなるだけでなく、調味料などの派手なパッケージもすべて隠せるので便利！

2人で同じ目標を持っていると
お金を貯めやすい

必要なお金をしっかり貯めたいので、貯金専用口座を作って月ごとに決まった金額を入金するカップル貯金を始めました。予定額が貯まったら、結婚の資金に充てる予定です。

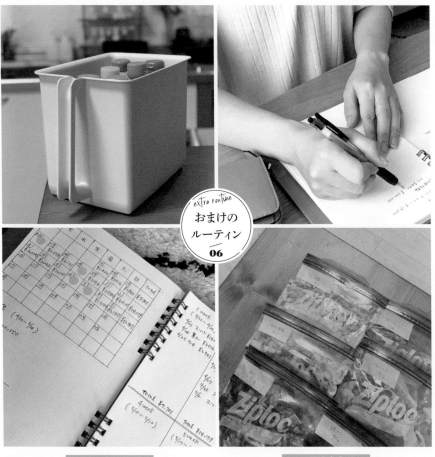

extra routine
おまけの
ルーティン
06

毎日いくら使ったかを明記
手書きする時間も楽しい

家計簿は手書きで記しています。今日はいくら使ったかなどをノートにまとめていて、何も出費がなかった日は日付のところにシールを貼って。収支が分かりやすくなりました。

平日の調理を楽にするために
休日に下ごしらえをしておく

業務スーパーで安く購入した鶏肉は、休みの日にまとめて調味料につけて下味冷凍を。レシピはインスタグラムから「#下味冷凍」で検索して、気になったものを試しています。

毎日が楽しくなる
美容グッズ

日々のスキンケアから指先のおしゃれまで、
最新のビューティーアイテムを試してみたくなるはずです。

01

建築家
二人暮らしさん

THE PERFECT ANCHOR（ザ・パーフェクトアンカー）
ピュア カスチール ソープ
#31 ブラックスプルースブレンド

100%無添加・天然・オーガニックのソープ。
ウッディで香り高い「#31」は、バスタイム
を贅沢な気分にさせてくれます。ナンバーご
とに込められたメッセージもユニークです。

ORBIS（オルビス）
オルビスユーシリーズ

保湿力が素晴らしい！　肌をみずみずしく整
えてくれます。使用感だけでなくシンプルな
ボトルのデザインも好みで、洗面台に置いて
おくだけで気分が上がります。

03

miiさん

05

みほさん

ORBIS（オルビス）
ホワイトニングBB

オルビスのシリーズは、愛用して10年以上。
忙しい朝もこのBBクリーム1本で簡単にベー
スメイクが済ませられ、年齢的に気になる美
白効果もあるので重宝しています。

Can★Do（キャンドゥ）
2色アイシャドウ

オレンジ系メイクがしたくて購入したのです
が、100円のわりにいい仕事をしてくれてい
ます。カラーを冒険したいときには、100円
ショップのもので試すことがほとんど。

08

さちかさん

OSAJI（オサジ）
アップリフトネイルカラー

日常にも溶け込みながら肌にもなじみやすい、絶妙な色合いが揃うマニキュアです。カラー名が愛らしいところも魅力のひとつ。こちらのカラーは「01 kitto（きっと）」。

09
よりさん

10
しょ～こ
SHOOOKO
しょ～こさん

ohora（オホーラ）
シールタイプのジェルネイル

本物のジェルを使用したネイルが、セルフで簡単に可能。爪に貼って硬化すれば、1～2週間保つことができます。手に自信がないというコンプレックスを減らしてくれます！

Elégance（エレガンス）
ラ プードル オートニュアンス Ⅳ

ファンデーションの後に軽く乗せるだけで、自分の肌と思えないほどの透明感が出るので日々活躍してくれています。コンパクトのデザインも素敵です。

12
ぬつさん

13
まこさん

YSL（イヴ・サンローラン）
アンクル ド ポー ルクッション N 20

パッケージがかわいいのはもちろんですが、雑に塗っても仕上がりがきれいでテクニックいらずなところが素晴らしい！　メイクが苦手な私にとって強い味方です。

DUO（デュオ）
ザ クレンジングバーム ブラックリペア

W洗顔不要の優秀クレンジング。時短につながるので、毎日の定番的な存在です。とろけるようなテクスチャーも抜群で、洗った後はしっとりしています。

14
ちぃさん

必要なものと好きなものを
厳選してコンパクトに暮らす

PROFILE

[家族] 夫、息子2人
（19歳、16歳）

[仕事] 専業主婦

[住まい] 東北地方
3LDK（マンション）
4年目

築40年、65平米の中古マンションに、4人家族で暮らしている多香さん。本やインターネットで暮らしに関する情報を見るのが好きで、よいと感じたりワクワクするものは積極的に取り入れているそう。

多香さんは、40歳を過ぎてからマンション購入を検討したため、経費がかかる車は思いきって手放すなど、暮らしに関する要・不要を冷静に見つめ直し、立地条件を重視して今の住まいに引っ越しました。2LDKだった物件をフルリノベーションしています。

多香さんの 1日

WEEKDAY

| 5:00 ▶ | 起床 |

Morning Routine Time
「家族の都合で時間が前後しても臨機応変に対応」

5:05 ▶	歯磨き、洗顔、サプリを飲む
5:30 ▶	ウォーキング
6:00 ▶	朝食の準備、昼食の下ごしらえ、夫と次男のお弁当を準備
7:00 ▶	洗濯、朝食、夫・長男・次男がそれぞれの時間で出発
8:00 ▶	乾燥機、トイレ・玄関の掃除
9:00 ▶	アロマを焚く
9:30 ▶	パウダールームの掃除、簡単なメイク
10:00 ▶	LDKの掃除、買い物、動画制作など
12:00 ▶	昼食
17:00 ▶	体操・運動（宅トレ）

Night Routine Time
「食を通じて家族との貴重な時間を過ごす」

| 17:30 ▶ | 夕食の準備、夕食、片づけ |
| 20:30 ▶ | 入浴、就寝 |

HOLIDAY

5:00 ▶	起床
5:05 ▶	歯磨き、洗顔、サプリを飲む
5:30 ▶	ウォーキング
6:00 ▶	朝食の準備、昼食の下ごしらえ
7:00 ▶	洗濯
7:30 ▶	朝食
8:00 ▶	乾燥機
9:00 ▶	アロマを焚く
9:30 ▶	パウダールームの掃除、簡単なメイク
10:00 ▶	LDKの掃除
10:30 ▶	買い物、動画制作など
12:00 ▶	昼食
13:00 ▶	作業の続き
17:00 ▶	体操・運動（宅トレ）
17:30 ▶	夕食の準備
18:30 ▶	夕食、片づけ
20:00 ▶	入浴
22:00 ▶	就寝

お気に入りの 空間

ドアを開けた瞬間に安心できる

モルタル造形した壁面に合わせて照明のシェードをアンティーク調に塗装。安心感を与えてくれる玄関です。

HOUSE DATA

LDKを広くすることを最優先にした間取り。家族全員がそれぞれの自室よりLDKで過ごす時間が長くなり、コミュニケーションが取れています。

多香さんの
モーニング
ルーティン

Routine : 01

ロールカーテンを開けて
朝日を取り込む

季節によっては朝の5時はまだ真っ暗なことも
ありますが、明るくなり始める景色を眺めるの
も、1日の始まりを感じられて好きです。四季
の変化を楽しみながら朝日を取り込みます。

WEEKDAY

🕐 5:00

住

家族の都合で
時間が前後しても
臨機応変に対応

WEEKDAY

⌃ 5:05

美

Routine : 02

水分補給をして
米メーカーの
サプリを飲む

「ナウフーズ」というメーカー
のサプリを愛飲。日本のものに
比べてリーズナブルで、成分構
成が優れています。寝起きの悪
い長男もこれを飲み始めてから
すっきり起きられるようになり、
本人も驚きの様子です。

Routine：03

使い勝手のよい
フライパンで
サッと朝食を準備する

朝食はすぐにできるメニューで。
「turk」の鉄フライパンは蓄熱性に
優れていて、余計な水分もしっかり
飛ばしてくれます。このフライパン
で作るカリカリの香ばしい目玉焼き
が家族に好評です。

WEEKDAY

⏱ 6:00

WEEKDAY

🕐 8:30

Routine：04

帰ってきたときに
家族がホッとできる
玄関作り

玄関は外界とのつながりをリセット
してくれる大切な場所と考えて、毎
日掃除します。除菌ウェットシート
で床を拭き、ドアの外側・内側も除菌。

WEEKDAY

🕘 9:00

Routine：05

部屋の掃除を終えたら
必ずアロマを焚く

アロマオイルは良質なピュアオイル
を使用。その日の気分に合わせて香
りをセレクトし、おうち全体をすっ
きりとさせます。写真はオーストラ
リア産のティーツリーのオイル。

🌙
Night Routine

多香さんの
**ナイト
ルーティン**

🕐 17:30

食

食を通じて
家族との
貴重な時間を過ごす

Routine: **06**

**旬の食材を使って
簡単でおいしいごはんを作る**

野菜が苦手な家族が無理なくたくさん野菜を
とれるように、具だくさんのみそ汁をよく
作っています。YouTubeでは食材のまとめ
買い術や主婦が楽できる簡単レシピなどを
アップしています。

Routine: **07**

**夕食を食べながらの
会話を大切にする**

思春期の息子たちとの会話が増えるように、
テーブルで取り分けるおかずやみんなで作
りながら食べる料理をリピートしています。
食材も調味料もできるだけシンプルなもの
を選び、からだにやさしい献立に。

🕐 19:00

食

⏱ 19:30

家

Routine : **08**

焼き締めの器が好きなので
食器はすべて手洗い

キッチンにビルトインする選択肢もあり
ましたが、収納スペースを優先して食洗
機はつけませんでした。億劫な食器洗い
も好きな器に触れる機会と捉えるとモチ
ベーションがアップ。

⏱ 20:30

美

Routine : **09**

自宅のお風呂で
森林浴をしている気分に

入浴の際は照明を暗めにしています。リ
ラックスしてその日の疲れを癒すことを
優先するためです。ヒバの木からとれる
「青森ヒバ精油」で温泉気分を味わうの
が最近のお気に入り。

🕐 22:00

心

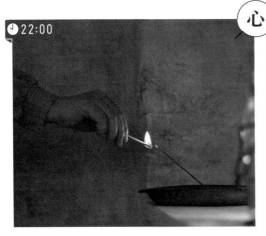

Routine : **10**

お香を焚くと
毎年訪れている旅館に
いるかのよう

寝る前にお香を焚きます。お香はお気に
入りの旅館のロビーで焚かれていたもの
と同じ香り。懐かしい香りを嗅ぐと、楽
しかった旅の記憶もよみがえってくるの
でおすすめです。

家族に頼れるところは思い切って任せる

毎日続けるコツ

家のことをすべてひとりでこなそうとすると、モチベーションもダウン。疲れているときは家族に協力してもらいます。

心に余裕がないときの整え方

趣味を楽しんで気持ちをすっきりさせる

問題があっても、あえてそのことにフォーカスしないようにしています。食器棚の整理など、好きなことに没頭する時間を作るように工夫しています。

時間の使い方が家の外から家の中に変化した

ニューノーマルな暮らし方

読書やネットをチェックすることが増えました。もともと好きでしたが、以前にも増してよく家の中を整えるようにもなっています。

相手の都合に合わせず干渉しすぎない

家族との関わり方

それぞれの都合に無理して合わせないようにしています。結果、私の自由時間にも理解を得られることにつながっているようです。

食品や調味料は無理のない範囲で無添加を選ぶ

心身の健康のために

こだわりすぎると窮屈に感じてしまうので、可能な範囲で無添加を選べたら上出来。外食では好きなものを食べます。

やめたこと・しないこと

車の代わりに電車を使用して固定費を大幅に節約！

移動は公共交通機関を基本に、車が必要なときはレンタカーを使用。車に関する経費は以前の約5分の1程度に抑えています。

洗濯物は干さない！ガス乾燥機で一気に乾かす

電気式に比べてランニングコストが安価で家事の時短になります。梅雨時期の生乾きも気にしなくてよいので楽です。

手作りすれば無添加で
安心なものが食べられる

発酵食メーカー「発酵美人」を使ったしょう油麹、塩麹、ヨーグルト作りにはまっています。材料をセットするだけで簡単にできて、味もとてもおいしいのでおすすめです。

ふとした瞬間に植物が目に入ると
幸せな気持ちになる

家の中に草木を飾って、四季を感じやすい空間作りを心がけています。植物を選ぶ時間も楽しみのひとつ。季節の移り変わりを感じると心が潤って新しい発想が生まれることも！

extra routine
おまけの
ルーティン
07

おうち時間が増えたので
ダンスで運動不足を解消

YouTubeを観ながら行う体操は、無数にコンテンツがあるので飽きることがありません。天候にも左右されることがないので続けやすい！からだを動かすと気分もすっきりします。

好きなものに囲まれていると
家事のやる気も出てくる

大好きな食器やキッチン用品を購入することが、自分へのささやかなご褒美になっています。好きなキッチン用品は、家事へのモチベーションをあげてくれる魔法のアイテム！

SNSのやり取りを通じて
暮らしを客観的に捉える

イ ンスタグラムで自身のライフ
スタイルや、おすすめのアイ
テムなどをを発信しているさちかさ
ん。フォロワーさんから「さちかさ
んのルーティンを見てみたい！」と
コメントをもらったことをきっかけ
に、日々の生活をより意識するよう
に。「YouTubeなどの動画サ
イトでもルーティン動画が人気なこ
とを知って、私も発信したいと思う
ようになりました」。SNSを通じ
て客観的に自分の生活を見直すこと
ができ、暮らしの質の向上や心の安
定にもつながっているそうです。

PROFILE

[家族]　ひとり暮らし
[仕事]　会社員（フルタイム）
[住まい]　東京都
　　　　　1K（アパート）
　　　　　3年目

さちかさんの 1日

(WEEKDAY)

| 7:20 ▶ | 起床、洗顔 |

☀ *Morning Routine Time*

「毎日繰り返す朝の過ごし方で
1日を作っていく」

7:25 ▶	朝食(プロテインと白湯)、ベッドメイキング
7:30 ▶	メイク、ヘアセット
7:55 ▶	歯磨き、ピアス着用
8:00 ▶	出勤

| 21:00 ▶ | 帰宅、着替え |

☽ *Night Routine Time*

「平日と休日それぞれにあわせた
リフレッシュタイム」

21:10 ▶	シャワーのみの入浴
21:30 ▶	スキンケア、食べる場合は夕食
22:00 ▶	自由時間(動画鑑賞など)
24:00 ▶	就寝

(HOLIDAY)

8:00 ▶	起床、洗顔、身仕度
8:10 ▶	掃除、洗濯
8:30 ▶	朝食(プロテインと白湯)
9:00 ▶	インスタグラム用の写真撮影、自由時間
12:00 ▶	昼食
13:00 ▶	自由時間
17:00 ▶	夕食
19:00 ▶	半身浴でゆっくりと入浴
20:00 ▶	スキンケア
21:10 ▶	ゆるめの筋トレ
20:30 ▶	動画鑑賞
23:00 ▶	就寝

お気に入りの 空間

**動画鑑賞に
ぴったりなソファ**

リビングにはゆったりと動画鑑賞ができるようにソファとプロジェクターを設置。特別な空間を演出することができます。

HOUSE DATA

洋服が大好きなので、クローゼットが広く、収納に余裕があることがこの部屋に引っ越すときの決め手。部屋をスッキリ見せられることも重要視しています。

```
                      トイレ
        収納 収納 玄関  キッチン
ベランダ      洋室
              お風呂
```

Morning Routine

さちかさんの モーニング ルーティン

毎日繰り返す
朝の過ごし方で
1日を作っていく

WEEKDAY

🕗 8:00

Routine: **01**

朝いちばんに太陽の光を浴びて 目覚めをよくする

起きたらすぐに窓のシャッターを開けて、自然光を部屋の中に取り入れています。朝日を浴びるとからだも自然と目覚め、すぐ次の行動に移すことができ、1日が快調になるのです。

WEEKDAY

⌃ 7:25

Routine: **02**

筋トレ女子に 欠かせない プロテイン

私の朝食はプロテインと白湯がお決まり。意外と腹持ちがよく、体型維持には欠かせません。すぐに用意できるのですが、メニューを決めておくことで迷わずに済むので、時間がない朝にも重宝しています。

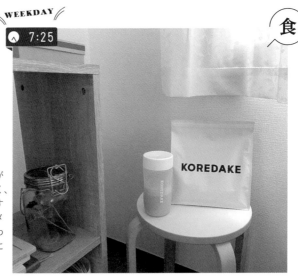

Routine : 03
白湯でからだを温め
腸の動きをよくする

起きたらケトルで白湯を作って飲んでいます。毎日飲み続けているうちに便通が改善されて、体調も整いやすくなりました。日によって味が変わることもあり、その日の体調が分かります。

WEEKDAY
7:25
美

WEEKDAY
7:50
趣

Routine : 04
常におしゃれに気を使うと
自分のモチベーションが上がる

ファッションが好きなので、毎日自分の好きなものだけを身につけるようにしています。休みの日に出かける予定がなくても、自分が好きな服を着ていると気分が上がって楽しく過ごせるように。

Routine : 05
お気に入りのピアスを
お守りがわりに

着替えが終わったら、毎日必ずピアスをつけます。写真はプレゼントでいただいた「ete.」のもの。私のお守りのようなピアスで、身につけているといろんなことがうまくいくような気がしてきます。

WEEKDAY
7:55
美

Routine：06

平日に我慢している分
休日は食べたいものを食べる

休日は早めに夕食を済ませます。平日は帰りが遅く、ダイエットのことを考えてあまり食べないようにしているので、休日は自分が好きなものを食べています！ 何を食べるか考えるのが楽しみ。

さちかさんの
ナイト
ルーティン

平日と休日
それぞれにあわせた
リフレッシュタイム

HOLIDAY

⏰ 17:00

食

HOLIDAY

🌙 19:00

心

Routine：07

週末だけ
時間をかけて
湯船に浸かる

平日はシャワーだけで済ませることが多いので、休日の入浴は私にとってゆったりできる至福の時間！ 入浴中はスマートフォンで動画を観たり、好きな飲み物を持ち込んだりして自分だけの時間を味わいます。

心

美

Routine : 08

パジャマに着替えて
入眠モードをON

入浴後はお気に入りのパジャマに着替えるのがちょっとしたこだわり。パジャマに着替えるとからだが自然と寝るモードにシフトするそう。安眠を促しやすくすると知ってから、実践しています。

Routine : 09

毎日のことだから手順を
減らしてケアを続ける

スキンケアは手間がかからないものを毎日使い続けることが大切だと思っています。今は「N.」シリーズを愛用。シュッと吹きつけるだけなので、忙しい朝でも手軽にできるところがお気に入り。

心

Routine : 10

休日は日付が
変わらないうちに就寝

理想としては平日も24時までには寝たいのですが、なかなか難しいので休日だけでも早く寝るように。とくに日曜日は次の日からの仕事に備えて、なるべく早めにベッドに入っています。

とにかくものを少なくして手間と工程を省く

毎日続けるコツ

部屋の持ちものを全体的に少なくしておくと、ルーティンワークが続きやすいです。ゆるく続けるのがコツ。

心に余裕がないとき

食べたいものを我慢せず食べて気持ちを切り替え

落ち込んだら自分がおいしいと感じるものを食べて気分転換。お腹が満たされるとまた頑張ろう！という気持ちに。

見映えもかわいいホットプレートで食事を楽しむ

ニューノーマルな暮らし方

辛いことや落ち込むこともあっても、常に自分を好きでいることが大切。どんな自分も受け入れるようにしています。

心身の健康のために

何があっても自分を否定せずいちばんの味方でいる

自分を高めながらフォロワーさんのために発信したい

これからの目標

自分の生活を整えながら、SNSを通じて発信し続けたい。誰かの癒しや励ましのお手伝いができたら、とても嬉しいです。

「BRUNO」のホットプレートを活用して、おうち時間を楽しんでいます。チーズフォンデュやホットケーキにも便利です。

やめたこと・しないこと

マイナスなことは言わない、考えないようにする

言霊はあると信じているので、なるべくプラスの言葉に置き換えています。自分を褒められるように意識を変えています。

やりたくないと感じることはやらない

自分がやりたくないなと感じることは無理にやっても効率が悪いです。自然とやりたいと思うようになるまで待ちます。

いつか大好きな餃子屋さんへ
行けることをモチベーションに

餃子が大好きなのですが、コロナが流行して
から外食ができなくなってしまったので「コ
ロナが終わったら行きたい餃子屋さんリス
ト」を作っています。着々と更新中です。

かわいいネイルをしていると
手元を見るたびに嬉しくなる

指先までお手入れするため、3〜4週間に1
回のペースでセルフジェルネイルを楽しんで
います。ネイルが視界に入ったときに幸せな
気持ちになるので、ケアは欠かせません。

extra routine
おまけの
ルーティン
08

給料日に使う額を決めて
無理なく貯金する

毎月の給料日には用途に合わせてお金の振り
分けをしています。銀行に行くのは月1回だ
けと決めてから、無駄な手数料の加算や引き
落としもなくなり、節約につながりました。

わざわざ時間は設けずに
隙間時間でコツコツ読書する

少し空き時間ができたときは読書の時間に充
てます。自分と同世代の主人公が活躍する小
説が好みで、読んでいると自分の引き出しが
どんどん増えるような気がします。

よりさん

暮らし系インスタグラマー

📷 yo_ri_a_i

Yori

完璧であることに縛られず
暮らしの切り替えスイッチを作る

PROFILE

[家族] 夫
[仕事] 会社員（フルタイム）
[住まい] 関東地方
　　　　 1LDK（アパート）
　　　　 4年目

生活を見直す中で、忙しくても効率的に暮らしたいと考えていたよりさん。からだが自然と動くようなサイクルを作りたいと思ったことをきっかけに、生活のスイッチを切り替えられる習慣＝ルーティンをスタートさせました。「私は、ルーティンとルールは別物と考えています。習慣というのは、自分を縛るものではないので、たとえ実行できない日があっても自分を責めることはありません」。身軽な心で、楽に暮らせる仕組みや思考を取り入れています。

よりさんの 1 日

| 6:50 ▶ | 起床、植物の水やり、身支度 |

☀ *Morning Routine Time*
「毎朝使うものは
効率のよさを重視してセレクト」

7:00 ▶	身支度
7:05 ▶	朝食の準備、お弁当の用意
7:20 ▶	朝食
7:30 ▶	メイク
7:40 ▶	出勤
19:00 ▶	帰宅、夕食の準備
19:30 ▶	夕食
20:00 ▶	入浴

🌙 *Night Routine Time*
「できる範囲で家事貯金をして
翌日を楽にする」

20:30 ▶	家事（洗濯、キッチンリセット、明日のお弁当の準備など）
21:30 ▶	自由時間（SNS、読書、ストレッチなど）
24:30 ▶	就寝

9:00 ▶	起床、SNSや情報収集
10:00 ▶	植物の水やりなど
11:30 ▶	夫起床、朝食の準備
12:00 ▶	遅めの朝食
13:00 ▶	自由時間（SNS用の写真撮影、次週の作り置き、収納の見直し、夫とお出かけなど）
17:00 ▶	夕食の準備
18:00 ▶	夕食
19:00 ▶	キッチンリセット
19:30 ▶	自由時間（映画鑑賞、読書、ストレッチなど）
22:30 ▶	入浴
23:00 ▶	自由時間（SNSなど）
24:30 ▶	就寝

お気に入りの 空間

すっきり収納されたパントリー

キッチンと食器棚代わりにしているパントリーが大のお気に入り。大好きな器が目に入るだけで嬉しくなります。

HOUSE DATA

ウォークスルークローゼットが洗面所の隣にあるので、洗濯から収納までの動線がとてもスムーズで効率的です。朝の身支度もしやすい間取り。

玄関
収納
寝室
お風呂
洗面所
トイレ
キッチン
リビング
ウォークスルークローゼット
パントリー

よりさんの モーニング ルーティン

毎朝使うものは
効率のよさを
重視してセレクト

Routine : 01

朝いちばんに葉水をあげて
植物の成長をチェックする

葉っぱや土に触れて元気かどうか確認しなが
ら、それぞれにあった水量であげます。時間
がある日はじっくり観察。新芽が育っている
のを見ると朝から嬉しい気持ちになります。

〉 WEEKDAY

趣

〉 6:55

WEEKDAY

美

7:00

Routine : 02

洗面所に
UVケア下地を置いて
紫外線対策

朝は洗顔フォームを使わず、ぬる
ま湯のみで洗顔。肌断食を実践中
なので、洗顔後の保湿剤などは使
わず、すぐに化粧下地兼日焼け止
めを塗って次の工程へ。家の中だ
けで過ごしている日もUVケアは欠
かせません。

Routine : 03

平日の朝食は少ない工程で準備できるものだけ

忙しい朝はサッと準備できるパン、ヨーグルト、プロテインなど、数パターンをローテーションしています。フルーツ、プロテイン、牛乳をミキサーにかけるだけのドリンクも定番！

WEEKDAY

7:05

食

WEEKDAY

7:10

食

Routine : 04

冷めてもごはんがおいしい曲げわっぱは夫にも好評

毎日のお弁当作りは段取りが大事。用意しておいたおかずを冷蔵庫から出して電子レンジで温めてからお弁当に詰めていき、冷ましてから包みます。曲げわっぱは殺菌効果も優秀。

WEEKDAY

7:30

美

Routine : 05

いろいろ試して厳選したコスメで時短メイク

ミネラルコスメに変えてから肌への負担も軽くなり、面倒だったクレンジングもいらないので化粧が楽しくなりました！ お気に入りの少数精鋭コスメで気分を高めつつ、サッと済ませます。

よりさんの
ナイト
ルーティン

できる範囲で
家事貯金をして
翌日を楽にする

WEEKDAY

🕐 20:00

美

Routine : 06

タイミングが合えば
夫婦で一緒に入浴

その日あったことなどを夫と話
しながら、ゆっくりお湯に浸か
ることが日課です。お湯を抜い
たら浴槽と排水溝付近だけ軽く
掃除。こすらず落とせる「ルッ
クプラス バスタブクレンジン
グ」を愛用中。

Routine : 07

できるところまで
お弁当の
下ごしらえをしておく

早起きが苦手なので、お弁当作り
はなるべく前日の夜に進めておき
ます。お弁当用のごはんを炊いて
電子レンジOKのおひつに移し、お
かずが足りなさそうであれば簡単
なものを作り足すことも。

WEEKDAY

🕐 20:30

食

住

Routine：08

所要時間1分で
コンロの五徳を
軽く掃除

コンロを使った日は五徳を外してお掃
除シートで拭きます。まだ温かいうち
に行うとスルンと簡単に落ちるので、
その日についた汚れはその日のうちに
落とすように。翌日も気持ちよく料理
ができます。

家

Routine：09

洗濯はドラム乾燥におまかせ
乾いたものから収納

乾燥が終わった洗濯物を洗濯機から取り出し
て収納していきます。空になった洗濯機には、
また今日の分の洗濯物を。汗をかいた衣類や
濡れたタオルもすぐ洗濯できるのですっきり。

美

Routine：10

動画鑑賞タイムは
ながら筋トレをする

就寝前の自由時間は大好きなYouTube
を観るのが日課。ボーっと見ているだ
けじゃもったいないので、筋トレや足
のマッサージも行います。面倒でも楽
しいことと一緒なら続けられる！

家族との関わり方

自分に甘く相手にはもっと甘くする

決まりやルールに固執せず自然体で過ごすようにしています。気になるところがあっても「まぁいいか」を口癖に。

大切にしている言葉

できない日があっても自分を責めなくなった

シンプルライフ研究家マキさんの「やらなくちゃという思い込みをやめる」。暮らしを見直すきっかけになりました。

毎日続けるコツ

いつも完璧を求めず続けることをいちばんの目標に

何ごともほどよく「適当」にやることです。続けることが大事なので、常に完璧ではなく60%くらいの出来栄えでOK！

心に余裕がないとき

くよくよ考えなくて済むように気分転換をする

好きなアニメを観たり映画を観て泣いたりほかのことに集中！ できるだけそのことについて考える時間をなくします。

心身の健康のために

ながら運動で時間を捻出して健やかさを保つ

心もからだも身軽な女性になりたいです。自分を犠牲にする働き方をやめ、楽しめる程度の運動を心がけています。

やめたこと・しないこと

あれこれ考え込まず思いついたら即行動

元々慎重な性格なのですが、30代になってからは「とりあえずやってみよう」の精神でいろいろと挑戦するように。

わが家にもっとも合っているのは作り置きよりも半調理

過度な作り置きは消費するのが大変。野菜のカットや下ゆでを済ませ、定番のおかずを数品だけ作るようにしています。

かばんの中身や財布の中は
帰宅したら毎日空にする

外出先から戻ったらかばんの中身は全て出して、クローゼットの定位置へ。繰り返していると、だんだん自分に必要なものが分かってきて持ち物がすっきりしました。

からだのことを考えて
1日2ℓの水を飲む

ブリタの「ポット型浄水器」は水道水を注ぐだけで飲用にろ過してくれます。おいしい水が手軽に飲めるようになったので食前、食後、入浴後、就寝前など小まめに水分をとるように。

extra routine
おまけの
ルーティン
09

アウトプットの作業は
頭の中の整理にも役立つ

思考やアイデアを文字にしたり、写真や動画に撮ってまとめたり。共感してもらえることや参考にしていただけることがすごく嬉しく、より毎日が充実しました。

きれいを維持しやすい
すっきりした収納を目指して

「暮らしをよりよく」が私のモットー。面倒、不便だなと感じる動線や収納は、週末など時間に余裕があるときに定期的に見直すようにしています。

毎日を彩ってくれる
インテリア

多くの時間を過ごす大切な場所には、気持ちを高めてくれるアイテムが必須。
気になる商品がきっと見つかるでしょう。

イサム・ノグチ
AKARI スタンドライト

3台設置しているAKARIシリーズの照明。和紙で覆われていますが、形がかわいらしくモダンなので、比較的どんなインテリアにも合わせやすい。夜はこれだけで過ごすことも。

01

建築家
二人暮らしさん

03

miiさん

salut!（サリュ）
柳フラワー時計

インテリア雑貨店の「salut!」で購入した存在感のある時計。とってもかわいいテイストなので、飾っておくだけで映えます。また、針音がしないところも好みです。

salut!（サリュ）
柳フラワーミラー

玄関に鏡がないので、ひと目惚れしたフラワーミラーを飾っています。家を出るときも帰宅したときも、鏡を見るだけで気分を上げてくれる素敵なデザインです。

06

みゅうさん

07

多香さん

DIYしたキッチンの壁

モルタル造形した壁と古材で作ったディスプレーボード。地元の工務店で購入しました。日常の中に好きなスペースを取り入れることで、心地よく暮らせています。

09

よりさん

CULTI（クルティ）
TESSUTO ディフューザー

見た目がかわいく、インテリアにもなるアロマディフューザー。ウッドスティック式のルームフレグランスで、常にお部屋をいい香りで満たしてくれています。

HONONARI（ホノナリ）
キャンドルウォーマー

キャンドルに灯をともさなくても、ふわっと香りが広がり、おしゃれで機能的です。よくあるランタン型ではなく、ライトスタンド型なところもお気に入り。

11

miuさん

12

ぬつさん

COOEE Design（クーイーデザイン）
ボールフラワーベース 10cm

コロンとした丸いフォルムとマットな質感の花瓶で、高級感があるところもひと目惚れしたポイントです。少ないお花でも、空間をセンスよく演出してくれます。

お花の定期便
bloomee（ブルーミー）

ものは極力置きたくないので装飾品はほとんどありません が、花だけは絶やさずに飾っています。季節の花が毎週ポストに届く、お花の定期便というサービスを利用中。

13

まこさん

14

ちいさん

ドライフラワー

生花や造花とはひと味違う、儚げで美しいドライフラワーは、部屋の一部に飾るだけで華やかな印象が生まれます。わが家に欠かせないインテリアの一部です。

10

しょ～こ
SHOOUKO

しょ～こさん

ライター・エディター

○ shosworks

Shoko

ルーティンを守ることで
自己肯定感も上がっていく

フ　リーランスのライター兼エ
ディターとして働くしょ～こ
さん。2020年以降のコロナ禍
で家にいる時間が増え、ベランダに
椅子を出して日向ぼっこをしている
うちに、もっとかわいいベランダに
したいと思い、本格的に家の中を整
えてみようと発起。大々的に住まい
を見直すことで暮らし方が変わって
行き、現在のルーティンに辿り着き
ました。「やりたいことを決めると
毎日の生活にメリハリがつき、古く
て狭いわが家も居心地が段違いによ
くなりました」と話します。

PROFILE

[家族]　娘（19歳）
[仕事]　フリーランス
[住まい]京都府
　　　　3DK
　　　　（団地風マンション）
　　　　14年目

しょ〜こさんの 1日

WEEKDAY

| 8:00 ▶ | 起床、身支度、洗濯、掃除、朝食、メールチェックなど |

🌅 *Morning Routine Time*

「毎日やることは
自分がいちばん続けやすい方法で」

10:00 ▶	仕事
13:00 ▶	昼食
14:00 ▶	仕事
19:00 ▶	夕食
20:00 ▶	映画鑑賞、ストレッチ、仕事など
23:00 ▶	入浴

🌙 *Night Routine Time*

「癒し効果のあるものを集めて
心地よく眠る準備」

24:00 ▶	寝室のスタンドライトを灯す
24:10 ▶	ハンドケア、肩が凝っているときはアロマオイルを塗る
24:15 ▶	読書
24:30 ▶	眠れないときは瞑想アプリでリラックス
25:00 ▶	就寝

HOLIDAY

8:00 ▶	起床、身支度、洗濯、掃除、朝食
9:00 ▶	部屋の模様替えや収納の見直し
13:00 ▶	昼食
14:00 ▶	映画鑑賞、読書、写真編集
15:00 ▶	お茶とおやつを楽しむ
17:00 ▶	買い物
18:00 ▶	夕食の準備
19:00 ▶	夕食
20:00 ▶	インスタグラムの投稿
21:00 ▶	映画鑑賞
23:00 ▶	入浴
24:00 ▶	寝室のスタンドライトを灯す
24:10 ▶	ハンドケア 肩が凝っているときはアロマオイルを塗る
24:15 ▶	読書
24:30 ▶	眠れないときは瞑想アプリでリラックス
25:00 ▶	就寝

お気に入りの空間

大胆にリメイクした和室

和室を私の寝室に模様替えしました。
ふすまを外して布で仕切ることでやわ
らかい印象になり、すっきり見えます。

HOUSE DATA

和室2間とDKのふすまをす
べて外し、ひと間で使ってい
ます。個室はなくなりました
が、娘とはもともと仲がよい
ので会話も弾みます。

🕐 8:00

家

しょ〜こさんの
モーニング
ルーティン

毎日やることは
自分がいちばん
続けやすい方法で

Routine：01
水拭きで使う雑巾は
使い捨てするのが
長続きする秘訣

フローリングを水拭きすると、終わったときにすがすがしい気分になります。雑巾を洗う手間を省きたいので使い古しのタオルを小さく切って使い、最後に玄関のたたきを拭いたらゴミ箱へ。

Routine：02
家中の花瓶を集めて
水を替える

「毎日やらなくては」と思うとプレッシャーになってサボってしまう日もありましたが、ルーティンにしてから自然とからだが動くように。植物があると落ち着き、手をかけると愛おしさも増します。

🕐 8:20

家

Routine : 03
小さめのミキサーでできる
オリジナルスムージー

グリーンスムージーのレシピは毎日変わらず、小松菜、バナナ、皮ごとリンゴ、キウイと水。大きなミキサーは扱うのが大変でしたが、コンパクトなミキサーに替えたら洗い物も楽になりました。

🕐 8:30

食

🕐 9:00

住

Routine : 04
ベッドを整えておくと
夜に寝る前も気分がいい

以前は布団生活で、ずぼらすぎて1日中布団を敷きっぱなしにしている日もありましたが、ベッドに替えてからは寝室がお気に入りの空間になり、ベッドメイキングも面倒に感じなくなりました。

🕐 8:50

心

Routine : 05
部屋を整えてから
作業を始める

書類を整理する、クッションをきれいに並べるなどちょっとした整理を。「よし、やるぞ」と気合いが入ります。ただし、締め切り前や忙しいときは無理せず、できる日だけにしています。

🕐 23:00

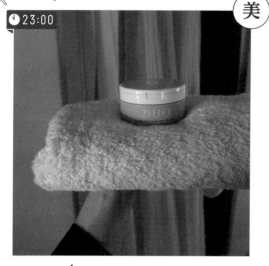

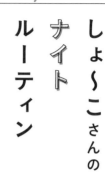

美

🌙

Night Routine

しょ〜こさんの
ナイト
ルーティン

癒し効果の
あるものを集めて
心地よく眠る準備

Routine : 06

半身浴しながら
顔とデコルテを
マッサージ

真夏以外は湯船につかりま
す。「DUO」のクレンジング
はマッサージクリームにも使
えるので、顔をマッサージし
てからデコルテのリンパも流
すとすっきりします。顔の体
操を組み合わせることも。

🕐 24:00

住

Routine : 07

部屋の明かりを消して
スタンドライトを灯す

弱い白熱灯の明かりは気分を鎮めて、
リラックスしやすい空間を作ってく
れます。ベッドサイドにおいてある
スタンドライトは作家のchikuniさ
んの手作りで、8ヶ月待って手に入
れたお気に入りのもの。

🕐 24:10

美

🕐 24:15

趣

Routine : 08
いい香りに癒されながら
ハンドケアをする

ベッドの中に入ったらまず、ハンドク
リームを塗って手を保湿します。さら
にネイルオイルを爪の内側に塗ると自
爪が伸びやすくなると聞いたので、併
用しています。

Routine : 09
読みかけの本は枕元の
スタンドに入れて

寝る前にはよく読書をしています。続
きが気になってつい夜更かししてしま
うことも。複数の本を並読するタイプ
で、今読んでいるのは塩谷舞さんの『こ
こじゃない世界に行きたかった』。

🕐 24:30

心

Routine : 10
医師協力の瞑想アプリで
睡眠へ誘導する

眠れなかったときに偶然見つけた
「Relook」という瞑想アプリ。スッと
眠れたので今は課金して使っています。
日によって瞑想、睡眠、音楽、水の音
などのメニューをお試し中。

毎日続けるコツ

ながら作業の積み重ねでタスクが減る

必ずやるべきこととセットで行うことです。たとえば歯を磨いたらすぐに床を拭くなど、ひとつの行動の流れにしてしまうとGOOD。

ある程度前向きになるまで心と向き合ったら、思考のアウトプットをします。A4の紙に心の声を書き出して整理。

大切にしている言葉

ふとしたときに自分に問いかける

後ろを振り向きがちなので「今、私に何ができる?」と心に聞くようにしています。意識が今に集中でき、前向きに。

「Time Tree」という管理アプリでお互いのスケジュールを把握しています。色分けもできるので使いやすいです。

家族との向き合い方

アプリを使って分かりやすく予定をシェアする

心に余裕がないとき

本で読んだ方法で気持ちを整理し余白を作る

ニューノーマルな暮らし方

自粛を通してSNSの使い方が有効になった

暮らしを見つめ直す時間が増え、SNSの活用にも変化が。改めて気づきや発信する楽しさを知り、自分と向き合うようになりました。

やめたこと・しないこと

情報収集はほかからできるのでテレビはつけない

見たくない情報をシャットダウンしたことで、イライラすることが減りました。空間に余白もできて大正解!

自分のキャパシティーを考えてできないことは断る

フリーランスなのでつい無理をしがちですが、スケジュールは余裕を持つように。自分の気持ちを大切にしています。

使うごとに深い色に
変化していくのも楽しみ

私は毎日2〜3ℓのお茶を飲むため、大きな
やかんでお茶を沸かしています。「ババグー
リ」で見つけた銅のやかんは熱伝導率が高く、
早く沸かせるので重宝しています。

味のある古道具は
自分で使いやすくする

古道具はサイズも形も様々ですがそれに合わ
せた収納を考えるのが楽しいです。段の高さ
が狭い書類ケースも、アルミトレイを使うこ
とで細かな文具が上手く収納できました。

extra routine
**おまけの
ルーティン
10**

時間があるときは
お香を焚いてリラックス

お香のいい香りとゆらめく煙を眺めているだけ
で、自然と気持ちが落ち着くんです。「APOTHEKE
FRAGRANCE」のホワイトティーは、ほのかに
紅茶の香りがするのが気に入っています。

お金では買えない
豊かな時間を過ごせる

1年前の自粛中、ベランダに椅子を1脚おい
たのをきっかけに暮らしを見直し始めました。
天気がいい日はベランダでお茶しながら読書
したり、ごはんを食べたりしています。

やるべきことを明確にすると
多忙でも生活が上手く回り出す

結

婚する前の同棲をきっかけに、自然と今の生活スタイルに落ち着いたというmiuさん。「自分のやるべきことが明確になるにつれて、ルーティンをさらに意識するようになりました。生活自体にもメリハリが出ます」。そんなmiuさんのモットーは、仕事がある日は無理をしないこと。看護師としてフルタイムで働いているため、家事は必要最小限に。その代わりに休日はゆったりと過ごしつつ、平日の分の家事をこなすなど、調整するための時間としています。

PROFILE

[家族]　夫
[仕事]　看護師（フルタイム）
[住まい]　北日本
　　　　　3LDK（一軒家）
　　　　　1年目

miu さんの 1日

WEEKDAY

| 6:15 ▶ | 起床 |
| 6:20 ▶ | お湯を沸かす |

Morning Routine Time
「温かい飲み物を用意するところから始まる毎日」

6:30 ▶	洗顔、スキンケア、メイク
6:45 ▶	お弁当とお茶を用意
6:50 ▶	ひとりで朝食（シリアル）
7:00 ▶	歯磨き、身だしなみチェック
7:15 ▶	持ち物チェック、夫にあいさつ、出勤
20:00 ▶	帰宅
20:30 ▶	夕食

Night Routine Time
「忙しいからこそ大切にしたい夫婦で過ごす時間」

21:00 ▶	入浴、スキンケア
22:00 ▶	翌日の準備
23:00 ▶	就寝

HOLIDAY

8:00 ▶	起床
8:10 ▶	コーヒーを淹れる
8:30 ▶	夫と朝食、夫の見送り、身仕度
9:00 ▶	アロマを焚く
9:30 ▶	家事（洗濯、掃除、作り置きや下味冷凍など）
12:00 ▶	昼食
13:00 ▶	手仕事、趣味（刺繍やお菓子作り、インスタグラムの投稿作成など）
17:30 ▶	夕食の準備
19:00 ▶	夕食
20:30 ▶	入浴
22:00 ▶	コーヒーやお茶を淹れて夫と近況報告し合う
23:00 ▶	プロジェクターで動画鑑賞、就寝

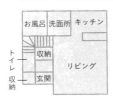

お気に入りの空間

リビングのドライフラワー

ソファの近くにあるドライフラワーのインテリアは、壁に大きな穴をあけずに済むもの。DIYで取りつけました。

HOUSE DATA

勤務形態から夫婦の生活リズムがバラバラになる日もあります。寝室・書斎・リビングは完全に分かれている間取りを重視しました。

miuさんの
モーニングルーティン

温かい飲み物を
用意するところから
始まる毎日

Routine : 01
休日の朝はコーヒーを淹れるところから

自分の好みに合わせたコーヒーがポストに届くサブ
スクリプション「PostCoffee」を利用しています。
毎月様々な種類のコーヒーが届くので、自分ではな
かなか選ばない新しい味を探すのが楽しいです。

HOLIDAY

🕗 8:10

趣

HOLIDAY

🕘 9:00

心

Routine : 02
アロマオイルは気分に合わせてセレクト

よい香りに包まれるとリラックスで
きます。気分をすっきりさせたいと
き、のんびりしたいとき、さわやか
に1日を過ごしたいときなど、その日
の気分に合わせてアロマオイルの香
りを選んでいます。

① 9:30

家

Routine : 03

休日の午前中に
平日分の家事をこなす

家事は午前中に短時間で終わらせ
てしまいたい。洗濯機とルンバの
スイッチを入れて洗濯と掃除をし
ている間に自分は料理をするなど、
できる限り同時進行を心がけます。

HOLIDAY

⑦ 9:35

食

Routine : 04

下ごしらえをしておけば
あとは加熱調理するだけ

仕事の日はほとんど料理ができないので
休日に食材をカットして冷凍・冷蔵した
り調味料に魚や肉をつけて下味冷凍をし
たり、簡単な下ごしらえをしておきます。
帰宅後すぐにおかずが完成！

HOLIDAY

① 13:00

趣

Routine : 05

家事を済ませたら
自分だけの自由時間を満喫

フリーの時間は好きなことをやると決め
て、のんびり過ごします。最近は季節の
手仕事にはまっていて、旬の食材を購入
してジャムやビネガーシロップなどを作
るのが楽しみです。

🕗 20:30

食

My routine
11
miu

miuさんのナイトルーティン

忙しいからこそ
大切にしたい
夫婦で過ごす時間

Routine：**06**

夕食はお酒を飲みながら夫婦の時間を楽しむ

就寝する4時間前には夕食を食べ終えたいので、
なるべく20時までに食卓につくようにしています。
翌日が夫も私もお休みの日はのんびり晩酌するこ
とも。この日は夫自慢のアクアパッツァを堪能。

WEEKDAY

🕘 21:00

心

Routine：**07**

お風呂に浸かって日々の疲れをしっかりリセット

好きな入浴剤を入れたりキャン
ドルを灯したりして、リラック
スできる空間を作っています。
じんわり汗をかくくらいまで温
まるのがポイントです。お湯に
浸かりながらインスタグラムの
投稿を作成します。

美

Routine : O8

自分のためにケアをする
休日だけの贅沢な時間

平日はスキンケアにあまり時間をかけ
られないので、休みの日がチャンス。
パックをしながらスチームを当てたり
ボディーオイルでリンパマッサージを
したり、からだのケアを重点的にします。

心

Routine : O9

ノンカフェインのお茶で
リラックスタイム

夫とハーブティーかデカフェのコー
ヒーを飲みながら最近のできごとなど
を話します。夫婦のそれぞれのできご
とを共有する大切な時間です。温かい
飲み物で安眠効果も期待できます。

趣

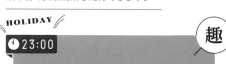

Routine : 1O

ベッドで横になりながら
YouTubeを観る

プロジェクターで動画鑑賞をします。
ストレッチ動画を流しながらストレッ
チをし、眠るのが最近のブーム。2人
で行うと楽しくできて、すっきり眠る
ことができるのでおすすめです。

大切にしている言葉

ごめんねよりも
ありがとうを
たくさん言う

日頃からできるだけ感謝の気持ちを伝えるようにしています。コーヒータイムを設けてコミュニケーションは密に。

心に余裕がないとき

辛いときに無理やり気持ちに蓋をしても後からしわ寄せがきます。「今、私は辛い」と受け止めて無理はしません。

無理に元気を出そうとせず自分と向き合う

これからの目標

バランスを取り仕事も家庭も頑張りたい

自分が好きなものに囲まれて暮らしていると、心身を健やかに保てます。仕事も家庭も大切に日々を過ごしたいです。

ニューノーマルな暮らし方

コロナ禍で外出が減ったのでおうち時間が充実するようなお金の使い方が増えました。ティーウェアや器を集めています。

家の中で使えるものに出資する

心身の健康のために

アンチエイジングよりもグッドエイジング

自分の年齢を否定しないようにしています。今しかない時間や自分が歳を重ねていく過程も楽しみたいです。

やめたこと・しないこと

家計簿や節約などの家計管理はきっちりしすぎない

同棲当初は細かく家計簿をつけていましたが、徐々に疲れを感じるように。貯蓄や節約の目標は持ちつつ、ゆるい管理にシフト。

仕事がある日は完璧な家事を求めない

以前は無理をしていたこともあったのですが、ストレスに。就業後は自分のからだを休めることに集中しています。

みそや麹などは毎年手作り！
手仕事で季節の変化を感じる

数年前からみそや麹を仕込んだり旬の果物を調理したりと、季節の手仕事を始めました。毎年続けていると"今年も○○の時期だな"と四季を意識するように。おいしさも格別です。

欠けたり、割れたりしても
大切に使い続けたい

器を集めるのが大好きです。欠けてしまった器も自分で直しながら長く使い続けたいと思うようになりました。金継ぎは難しいですが、直した器はより愛おしく感じられます。

extra routine
おまけの
ルーティン
11

入居してすぐに自分で
食器の収納スペースを拡張

賃貸なのでDIYのできる範囲でおうちをリメイクするのにはまっています。完成までの工程を考えるのもワクワクして楽しいです。写真のキッチン飾り棚は入居して初めて作ったもの。

家に大好きなお花を飾ると
気持ちも明るくなる

3年ほど前から月に1回は趣味としてお花の教室に通っています。購入したお花を飾るのももちろん好きですが、手に取る花の種類で季節を感じられて気持ちも満たされます。

心地よさを追求した結果
自分の好みをより認識できるように

会 社員を辞め、起業したころから暮らしのルーティンを意識するようになり、インスタグラムでもライフスタイルを発信するようになったぬつさん。自身の投稿にフォロワーさんが共感してくれることで、日々の励みや楽しみが増えたそう。

「○○しなきゃいけないと思うことは、やらないほうが上手くいくことが多いと思っていて、判断基準はぶれないようにしています」。ときには潔くやらないと決めることも、自分らしい暮らしを楽しむコツだそうです。

PROFILE

[家族] 夫、子ども2人
（3歳、0歳）
[仕事] インスタコンサルタント
[住まい] 東京都
3LDK（マンション）
3年目

ぬつさんの 1日

(WEEKDAY)

7:30 ▶	起床、朝食、コーヒータイム

☀ *Morning Routine Time*

「予定と合わなくても
自分ができる範囲でやればOK」

8:00 ▶	登園の準備、朝の家事
9:00 ▶	子どもを保育園へ送る
9:30 ▶	カフェでSNS投稿作成
11:00 ▶	仕事
13:00 ▶	昼食
14:30 ▶	仕事、勉強
18:00 ▶	保育園のお迎え、夕食の準備
19:00 ▶	夕食、入浴
20:30 ▶	子どもの寝かしつけ
21:30 ▶	SNS投稿、自由時間、勉強

🌙 *Night Routine Time*

「子どもの就寝後はやりたいことを
思いっきりやる」

22:45 ▶	夫とシェア会
23:30 ▶	フットマッサージ
24:00 ▶	就寝

(HOLIDAY)

8:30 ▶	起床、朝食、コーヒータイム
9:00 ▶	子どもと遊ぶ、SNSチェック
10:00 ▶	夫と手分けして家事・子どもの相手
12:30 ▶	昼食
13:30 ▶	外出（広めの公園など）
19:00 ▶	夕食、入浴
20:30 ▶	子どもの寝かしつけ
21:30 ▶	SNS投稿、自由時間
22:00 ▶	勉強
22:45 ▶	夫とシェア会
23:30 ▶	フットマッサージ
24:00 ▶	就寝

お気に入りの空間

すっきりと片づいた仕事用デスク

自然光が降り注ぐワークスペースは
清々しく仕事に臨めます。ベランダで遊
ぶ子どもの様子を確認できるのも安心。

HOUSE DATA

日中は照明がいらないくら
い窓から光が入るそう。賃
貸物件ですがオーナーさん
のこだわりで壁紙が木質調
になっているのもポイント。

ぬつさんの
モ
ー
ニ
ン
グ
ル
ー
ティン

予定と合わなくても
自分ができる範囲で
やればOK

Routine : 01

子どもの体内時計を
作るために
起きたら朝日を浴びる

太陽光を浴びると子どもの体内時
計が整いやすくなると知って子ど
もに生活リズムをつける目的で、
起きたら朝日を浴びます。大人の
私も気持ちよく起きられる実感が
あり、今では欠かせません。

WEEKDAY

⏱ 7:40

食

Routine : 02

朝はコーヒー派！
全自動マシンで
楽においしく

コーヒーを飲みながらSNSを
チェック。インスタ経由でいた
だいた「メリタ」の「アロマフ
レッシュサーモ」は、前日セッ
トしておくだけで、指定の時間
に豆からコーヒーを淹れてくれ
るので重宝しています。

バルミューダの
トースターで
息子用の食パンを焼く

コーヒーを飲んで少し目が覚めてきたら息子の朝食を作ります。「バルミューダ」のトースターがわが家にやってきてからトーストの世界が一変！ スーパーで買える食パンも、まるで高級食パンのような味に。

食

子

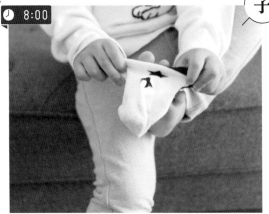

息子の着替えを手伝って
保育園ノートを記入

毎度たくさんコメントを書いてくれる保育園の先生方には申し訳ないのですが、ノートは最低限で。重要なことは口頭で伝えたいので、あえて細かくは書かないと決めています。

家

目につくところだけ
ざっくり家事を済ませる

前日に予約した洗濯物を干したり、朝食の食器を洗ったり家事を開始。目に見えるところだけ大まかな掃除もします。本当に忙しいときは、自分では何もせずに家事代行に頼ることも。

Routine：06
インスタグラムは日中に用意した下書きを再確認して投稿

インスタグラムのコメントは新たな投稿をする直前にまとめて返しています。コメントが入るたびに返していた時期もありますが、まとめて時間を取るほうが自分の気持ちが楽になりました。

⟪WEEKDAY⟫

🕘21:30

趣

ぬつさんの
ナイト
ルーティン

子どもの就寝後は
やりたいことを
思いっきりやる

⟪WEEKDAY⟫

🕘21:45

心

Routine：07
今日やったことを書き出して自己肯定感を上げる

子育てや家事、仕事と毎日のやるべきことは細切れに進めています。1日の最後は今日自分ができたことを簡条書きにして整理。最後に「私、進んでる！」と書き加えて自信につなげるようにしています。

🕐 22:00

学

Routine : 08

情報のアンテナは高く！
インプットの時間を設ける

本、動画、オンライン教材で勉強する習慣を。ビジネスはクライアントを幸せにするほど、売上が上がるゲームだと思っています。勉強もゲーム攻略をしているような感覚で楽しいです。

🕐 22:45

学

Routine : 09

夫との対話で
モチベーションを高め合う

夫の晩酌中に自営業の私が得たことと、会社員の夫が得たことを共有する会を開きます。私のビジネス戦略などを夫に聞いてもらったことがきっかけで始まり、夫も楽しんでくれています。

🕐 23:30

美

Routine : 10

疲れた足が軽くなる
贈りもののマッサージャー

夫からの誕生日プレゼントです。妊娠中は足のむくみや疲れやすさに苦労していて、マッサージャーに毎日助けられました。産後の今は、ヒールを履いて出かけた日の夜のおともになっています。

大切にしている言葉

コーチングを教わった恩師の言葉

「ひとつ、もっとも大切にしたいことを選ぶ」。まずは進めて結果が出たらその選択肢はどうだったのか検証します。

家族との関わり方

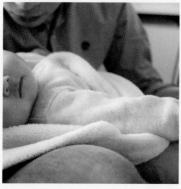

夫婦の予定は無理に合わせず時間を譲り合う

家族も人なので自分の思い通りになるとは思いません。夫婦で予定があるときは子どもをベビーシッターに預けるなど工夫を。

毎日続けるコツ

できないことは切り捨てて目的をイメージする

自分がプラスだと感じることは自然と継続します。逆に面倒なことは自分の優先度が低いと考えて手放すのが効率的。

心に余裕がないときの整え方

問題が起きたら細かく分解して考えるようにする

対人関係の問題なら自分と相手の問題を切り分けます。自分のタスク量が多すぎるなら時間を作るかタスク自体が必要なのか考え直しを。

ニューノーマルな暮らし方

自粛期間中に家族の協力が増えた

私が第2子妊娠中にちょうどコロナが流行し、激務だった夫が在宅勤務に。夫も家事など積極的に協力してくれました。

やめたこと・しないこと

思い込みは捨てて確認作業を怠らない

マイナスのイメージは自分の思い込みであることも多々。まずは確認して何をクリアできたら前に進めるか考えるように。

いいお母さん像に捉われずやりたいことも我慢しない

凝った料理を作ることや子どもと遊んだりすることに、「お母さんだから」の使命感では行わず、自分の心に従って動いています。

炊飯器と比べものにならないほど
おいしいごはんが炊ける

炊飯器が壊れたときに「HARIO」の土鍋に切り替えました。炊き上がりが音で分かり、炊飯に時間も手間もかかりません。夫もおいしいごはん目当てに早く帰宅するようになりました。

事業・家庭のレシートは
無印の仕切りファイルで管理

ビジネスはひと月ごと、家計は項目ごとに名札をつけて、自分も家族も帰宅時に投げ込むだけ。とくにビジネス用は1年の最後に蓋をすれば確定申告後の保管にも便利です。

extra routine
おまけの
ルーティン
12

毎日欠かさず夫を褒めて
ありがとうと伝える

夫婦仲はとてもよいと思います。互いに感謝の気持ちを忘れないようにすること、そしてその気持ちを言葉で伝えるようになってから揉めることもなくなりました。

厳しくすることもあるけれど
子どもへの愛情は積極的に伝える

子どもを抱きしめたり、ほっぺにチューしたりして「かわいい！」「お母さんの宝物！」とよく言葉にしています。しようと思っていなくても、ついしてしまうものです。

毎日を助けてくれる
家電

放っておくだけで家事ができるものや、趣味をより楽しめるものなど、
購入を考えている人はぜひチェックを。

建築家
二人暮らしさん

NESPRESSO（ネスプレッソ）
コーヒーメーカー

01

ドリップコーヒー用の道具も持っているのですが、忙しいときはカプセルを入れるだけのコーヒーメーカーを使用。気軽においしい1杯を楽しんでいます。

BRUNO（ブルーノ）
マルチ圧力クッカー

04

sayaka.さん

材料を入れてスイッチを押せば、あとは放っておくだけで1品ができる電気圧力鍋は、毎日の家事をサポートしてくれています。アイボリーで見た目もかわいい！

みほさん

SHARP（シャープ）
ヘルシオ ホットクック

05

子どもがいると落ち着いてキッチンに立っていられないのですが、ボタンを押せば目を離すことができるので、鍋を焦がしたりすることもなくなりました！　予約調理も活用。

popIn（ポップイン）
popIn Aladdin 2

06

みゅうさん

工事いらずで設置できる、プロジェクター。場所を取らずに、まるで映画館にいるような贅沢な空間を演出してくれるので、かなり充実したおうち時間が実現。

Rinnai（リンナイ）
ガス衣類乾燥機 乾太くん

家族が花粉症で衣類を屋外に干せないため、コインランドリー通いが大変でしたが、これを設置してからは干す手間がなくストレスから解放され、時間にもゆとりができました。

07

多香さん

08

さちかさん

Russell Hobbs（ラッセルホブズ）
カフェケトル

デザインが大好き！ 見るたびにかわいいと感じられてテンションが上がります。もちろん機能性もバッチリ。短時間で沸き、細長い注ぎ口はドリップする際にも便利です。

Panasonic（パナソニック）
ドラム式洗濯乾燥機

洗濯物を外に干さなくていいのは、家事において革命的なこと。家電の域を超えて、お手伝いさんをひとり雇っているくらいに感じられるほど、支えられています。

09

よりさん

10

しょ～こ
SHOOOKO

しょ～こさん

récolte（レコルト）
コードレススティッククリーナー
フルセット

コンパクトなサイズとシンプルな設計の掃除機。コードがないだけで見た目がスッキリします。手間も軽減するので、サッと出せて気軽に掃除できるようになりました。

Amazon（アマゾン）
Echo Dot with clock（第3世代）

手を離せないときに音声でタイマーをかけてくれたり、好きな音楽を流してくれたりするスマートスピーカー。おうち時間や家事時間において、私のよき相棒となってくれています。

13

まこさん

My routine

13

まこさん

暮らし系インスタグラマー

◎ kiyokawamaiko

Mako

家事に追われることなく
日常をじっくり満喫する

PROFILE

[家族]　夫、犬1匹
[仕事]　専業主婦
[住まい]　埼玉県
　　　　　4LDK（一軒家）
　　　　　2年目

一軒家を購入したことをきっかけに、日々の生活スタイルを見直し、ルーティン化を試みたいうまこさん。暮らしの中でいちばん大切にしているのは、朝の時間だそう。「朝に重きを置いている理由は、その日のコストパフォーマンスや活力に関わってくると考えているからです。1日の始まりである朝を心地よく迎えられるように心がけると、自然と夜も整ったスタイルになってきます」。ルーティンを取り入れてから暮らしの質が向上し、家族も喜んでくれているそうです。

110

まこさんの 1日

7:30 ▶	起床

☀ *Morning Routine Time*
「朝はあえて急がず
ゆっくりと家事を済ませる」

8:30 ▶	夫と朝食
9:00 ▶	夫を見送る＆ゴミ出し
9:05 ▶	キッチンリセット
9:20 ▶	身支度
9:30 ▶	洗濯、掃除などの朝家事
11:00 ▶	朝ヨガ＆SNSチェック
13:00 ▶	昼食、買い物など
15:00 ▶	犬の散歩
16:00 ▶	筋トレ、有酸素運動
18:30 ▶	夕食の準備

🌙 *Night Routine Time*
「よく眠るために
からだへの負担をかけずに過ごす」

19:30 ▶	夕食、夫婦時間
21:00 ▶	入浴、ヨガ
22:00 ▶	就寝

HOLIDAY

8:30 ▶	起床
9:00 ▶	朝食（簡単なパンなど）
9:30 ▶	キッチンリセット
10:00 ▶	身支度
10:30 ▶	洗濯
13:00 ▶	昼食
14:00 ▶	買い物
15:00 ▶	ドッグランへ
18:30 ▶	夕食の準備
19:30 ▶	夕食
20:00 ▶	入浴
20:30 ▶	映画を見たり夫婦時間
23:00 ▶	就寝

お気に入りの空間

白にこだわったキッチン

清潔感があり、食材も映えます。汚れ
が目立つのでズボラな私でも小まめに
掃除をするようになりました。

HOUSE DATA

ペニンシュラ型キッチンのため、リビングが見渡
せます。動線がよく、サッと食事が出せて片づけ
も楽。ついだらだらしてしまう時間が減りました。

WEEKDAY

① 7:30

住

まこさんの
モーニング
ルーティン

朝はあえて急がず
ゆっくりと
家事を済ませる

Routine : 01

観葉植物の手入れをしながら
ゆったり朝がスタート

大人しかいないので起床はゆっくりです。寝室が2階にあるので、
リビングに下りてきたらすぐにブラインドを開け、観葉植物の
手入れをします。自然のパワーをチャージして気持ちも元気に！

WEEKDAY

② 7:35

食

Routine : 02

平日は和食、
休日は洋食の
メニューが多め

朝食も平日と休日で大体のメ
ニューを決めています。私に
とって「鉄瓶で沸かした白湯」、
「土鍋で炊いた米」「自分で取
る出汁」は朝の三種の神器。
決して急がず、朝食を準備す
る時間がいちばん癒されます。

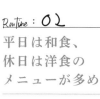

Routine : 03
食事の時間は夫婦で
一緒に過ごし会話を楽しむ

夫を起こして2人で朝食を食べます。出発まで時間がない朝は、落ち着いて過ごせるようにできるだけテレビなどをつけません。軽い会話をしながらコミュニケーションを取ります。

WEEKDAY
8:30

食

WEEKDAY
9:00

家

Routine : 04
「行ってらっしゃい」の
言葉と見送りはマスト

私はとくに急ぐ理由もないので、夫が出社するときは家事の手を止めて、必ず玄関まで見送りをします。犬と一緒に見送って、そのついでにゴミ出しも済ませてしまいます。

WEEKDAY
11:00

美

Routine : 05
ヨガでからだを動かして
頭と心をリフレッシュ

ひと通り家事を済ませて落ち着いたら、朝ヨガを30分くらいします。一度呼吸を整えて、全てのことから離れると頭もからだもすっきり。午後からも頑張ろうと思えてきます。

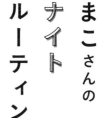

Night Routine

まこさんの ナイト ルーティン

よく眠るために
からだへの負担を
かけずに過ごす

Routine : 06

普段の食事は
からだにやさしい和食が中心

夕食の準備のために、朝のうちに下ごしらえをした
り、週末に作り置きをしたりすることはほとんどあ
りません。30〜45分ぐらいで作れるものを日々作っ
ています。この日はお刺身と炊き込みごはん。

WEEKDAY

18:30

食

WEEKDAY

20:30

心

Routine : 07

食後は夫と愛犬と一緒に
まったり過ごす

夕食を済ませて食器を片づけたら、
入浴までは自由時間です。愛犬と遊
びながら、夫とその日にあったでき
ごとなどを話してゆっくり過ごしま
す。愛犬と遊ぶことが、私たち夫婦
にとって至福のとき。

🕘 21:00

美

Routine : 08

よく眠れるように
ぬるめの湯船に浸かる

酵素洗顔など肌のケアをしてゆっくり湯船に浸かり、1日の疲れをほぐします。あまり遅くなりすぎないように、21時ぐらいには必ず入浴。良質な睡眠ができるように徐々に寝る準備をしていきます。

🕘 21:30

美

Routine : 09

ヨガの時間が翌日の
動き方に変化をもたらす

趣味はヨガで、寝る前にはリラックスできるようなヨガを20分程度しています。凝っているところをほぐしながら行い、頭の中では翌日の予定などを考えて、思考を整理しています。

🕘 22:00

心

Routine : 10

着火具なしで着けられる
お香とともに夜を楽しむ

お香を焚きながら寝る準備をします。お香スティックの「hibi」は10分程で火が消えるので就寝前に最適。就寝前は少しだけ読書をすることも。遅くても22時には布団に入ります。

面倒な洗い物も素敵な食器と触れ合えるので苦ではなくなりました。最近のお気に入りはかっぱ橋で購入した和食器。

人間なので色々と気持ちのアップダウンがあって当たり前。落ち込んだら元気に笑える日まで待つ！ただそれだけです。

心に余裕がないときの整え方

家族に甘えたり休んだりしながら感情と向き合う

ニューノーマルな暮らし方

全国各地のおいしい食べ物をお取り寄せする

コロナで打撃を受けてしまった生産者さんの野菜を、積極的に購入。陰ながら応援できたらと思っています。

家事が面倒ならお気に入りの物を取り入れる

毎日続けるコツ

形にこだわらずそのときの状況で柔軟に対応する

ビタミンやアミノ酸、鉄を効率的に摂取。「豊潤サジー」を飲みはじめてからは体調もよく、手放せません。

心身の健康のために

4年前から継続中健康のためのお守りジュース

これからの目標

健やかにすごせるように、ルーティンに捉われすぎないようにしています。よりよい生活を目指していきたいです。

やめたこと・しないこと

わが家の生活スタイルには合わない作り置き

パートをしていたころは時短のために作り置きをしていましたが、やめました。夕食準備の時間内でできるものを作っています。

疲れていても時間がなくても朝食はおろそかにしない

朝食を食べないと生活リズムや体調も崩れて、悪循環に。朝食を抜いたり、飲み物だけで済ませるようなことはしていません。

室内の空気が引き締まって
前向きな気持になれる

塩を替え忘れないように、毎月1日と15日は新しい塩に取り替える日と決めています。盛り塩は祖母や母が習慣にしていたので、ひとり暮らしを始めたころから私も自然と行うように。

一緒に鍛える人がいると
やる気が出てくる

コロナ禍の自粛により、運動する機会も減りました。そこで、空いていた一室を思い切ってトレーニング部屋に。休日は夫婦で一緒にトレーニングし、励んでいます。

extra routine
おまけの
ルーティン
/ **13**

料理をすればするほど気づく
調味料の大切さ

調味料はできるだけ原材料がシンプルなものを選びます。昔ながらの製法を継承している作り手の想いがこもったものが好き！ 食器と同じくらい好きでつい集めてしまいます。

家事の邪魔をせずに聞ける！
孤独を感じやすい主婦の味方

1年くらい前から主婦の間でブームになっている「stand.fm」という音声配信アプリ。他の主婦の話を聞けるので家事のモチベーションにもなります。ながら作業ができるのがメリット。

暮らしに不要なものを削ぎ落として

無理せず貯金ができるように

無理のない家計管理で貯金をしながら、暮らしを楽しむことをポリシーとしているちいさん。インスタグラムでは、貯金ゼロから5人家族で年間200万円貯金を達成したという、ちいさんならではの節約術や育児の様子を公開中。「節約やポイ活は、日々のこまめな情報収集をルーティンにすることが大切。さらに自身の活動をSNSで発信することにより、励みになっています」。子育てで忙しく過ごす中でも、できる範囲で日々の節約とルーティン化を実践しています。

PROFILE

[家族]　夫、息子2人（7歳、4歳）、娘（3歳）

[仕事]　フリーランス

[住まい]　奈良県
4LDK（一軒家）
4年目

ちぃさんの 1 日

WEEKDAY

6:50▶ 起床、朝食準備

☀ *Morning Routine Time*
「やるべきことは
同時進行して時間を節約」

7:30▶ 朝食

8:00▶ 子どもたちの保育園の準備

8:40▶ 保育園へ送る

9:00▶ 片づけ、掃除

9:30▶ 始業

12:00▶ 休憩

13:00▶ 終業

15:00▶ 長男帰宅、宿題チェック

16:30▶ 保育園へお迎え

17:00▶ 夕食の準備

🌙 *Night Routine Time*
「夜は子どもたちと過ごす時間を
いちばん大切に」

18:00▶ 夕食、入浴

20:00▶ 片づけ、自由時間

21:00▶ 就寝

HOLIDAY

8:00▶ 起床、朝食準備

8:15▶ 朝食

8:30▶ 子どもたちの着替えなど

10:00▶ 自由時間

12:00▶ 昼食

13:00▶ 自由時間（外で子どもと遊んだり、
お出かけするなど）

18:00▶ 夕食

20:00▶ 入浴

21:00▶ 就寝

お気に入りの空間

子どもたちが広々遊べるリビング

ソファを置いていないので、家族全員が集まってもゆったり過ごせます。キッズスペースはおもちゃも収納しやすく。

HOUSE DATA

2階に3部屋、1階は広めにひと部屋を設けた一軒家です。キッチンから家族の様子が見えるので、料理中も子どもたちから目を離さずに済みます。

シューズクローク

トイレ / 洗面所 / お風呂 / キッチン

玄関 / 仕事部屋 / ダイニング

収納 / 収納 / リビング

1F

シューズインクローゼット

トイレ / 子供部屋 / 子供部屋 / 子供部屋

寝室 / バルコニー

2F

Morning Routine

ちいさんの モーニング ルーティン

やるべきことは
同時進行して
時間を節約

Routine : 01

長男が洗面所を使っている間に 朝食を用意する

長男と交代で私が洗面所を使うので、その間に
食べておいてもらうように準備しておきます。
朝食と言ってもパンをトーストしたり、コーン
フレークに牛乳を入れたり簡単なものだけです。

WEEKDAY

6:55

食

WEEKDAY

7:00

家

Routine : 02

歯磨きをしながら スマートフォンで 予定を整理

歯を磨いている間に、仕事のこ
とや子どもたちのことなど、今
日1日の予定をしっかりチェッ
ク。忙しいときはとくにこの確
認の時間が重要で、やるべきこ
とを忘れないようにしています。

⏰ 7:30

子

Routine : **03**

小学校に通う長男を
ひと足早く見送りする

忙しくてもコミュニケーションは
大切にしたいので、玄関までの見
送りは必ずします。「いってらっ
しゃい」と「気をつけてね！」の
言葉を忘れずに。元気な様子が見
られると安心です。

⏰ 8:00

子

Routine : **04**

保育園の見送りに備えて
自分の身支度を済ませる

長男が出発したら次男と長女の登園準
備をします。まだまだ手のかかる年齢
なので自分の身支度はサッと済ませて
おくのがポイント。次男と長女が起き
たら子どもたちの支度に集中します。

Routine : **05**

夕食に必要な食材は
朝〜昼の間に下ごしらえ

夕方は何かとバタバタするので夕食準
備が楽になるように、始業前におおよ
その献立を考えます。冷凍してある食
材は冷凍庫から出して自然解凍。お昼
の休憩の時間に下準備をすることも。

⏰ 9:00

食

国産豚

ちいさんの
ナイト
ルーティン

夜は子どもたちと
過ごす時間を
いちばん大切に

⏱ 17:00

食

Routine：06

メニューもルーティン化して
献立に迷う時間をなくす

家族が帰ってきたらできるだけ早く夕食を準
備。献立は1週間ごとの交代制で、丼やカレー
ライスなどの1品で完結するメニューか一汁
三菜でしっかり作るメニューと決めています。

WEEKDAY

⏱ 18:00

家

Routine：07

大まかに汚れを落としたら
洗い物はまとめて食洗機へ

食事が終わったらすぐに洗い物に取りか
かります。休憩してしまうとその後の家
事が億劫になりがちなので、動けなくな
る前にサッと終わらせるように。食洗機
は忙しい母の味方です。

Routine : 08
入浴中はSNSで
必要な情報を集める

子どもたちのお風呂はだいたい夫が入れ
てくれるので、私はひとりでゆっくりと
湯船に浸かります。SNSは節約術や仕事
の情報収集のために見ることがほとんど
なので、集中して見るようにしています。

Routine : 09
翌日の朝を
スムーズにするため
保育園の準備をする

子どもたちと話しながら、翌日の準備
をする時間です。準備はお手伝いブー
ムまっただ中の長女が一緒に手伝って
くれます。洋服のたたみ方も覚えて、
自分でたためるようになりました。

Routine : 10
寝室でお話ししながら
子どもたちと一緒に寝る

リビングだとテレビなどに気がそれて
しまいますが、寝室だと3人とも楽し
かったことやこんなことをしたなど、
よく話してくれます。だいたい子ども
たちと一緒に私も寝てしまいます。

その日でなくて
いいことも
できるだけ進める

ニュー
ノーマルな
暮らし方

疲れているときは
掃除・片づけも
ほどほどにする

家の中で遊ぶので部屋が荒れがち。子ど
もにも片づけをお願いして、完璧でなく
ても気にしないようにすると楽です。

毎日続ける
コツ

洗い物や次の日の準備など翌日に
やっても問題ないことでも、持ち
越しません。どんなに面倒でも
やってしまいます。

子育てや家事について、
いちばんの味方になって
くれるのは夫です。しん
どいときは都度、要望を
伝えることが大切。

心に余裕が
ないときの
整え方

心身の
健康の
ために

自分と家族が
満足できるものを
購入する

夫や友人、母など
人と話して
すっきりする

家族との
関わり方

子どもが自分で
やりたいことは
やらせてあげる

とくに下の子2人はまだまだ機嫌
次第なところも。少し時間がか
かってでも子どもたちの要望に応
えるようにしています。

以前は調味料も安ければよいと思ってい
ましたが、最近は少し高くても、健康の
ために無添加のものを選んでいます。

やめたこと・しないこと

ただ買うのではなく
代用やお得な買い方を考える

衝動買いはしません。どこで買うのがいち
ばんお得か、本当に必要なのかなどを考え
たうえで、欲しいと思ったものだけを購入。

安いスーパーのはしごは
時間と費用がかかりがち

「さっきのスーパーのほうが安かった！」
なんてことがあると、時間がもったいない
です。必要なものだけを1店舗で買います。

フォロワーさんが8万人を超え
SNS経由の友達も増えた

インスタグラムはほぼ毎日更新しています。
そのおかげで貯金の知識がついて毎月赤字に
なることもなし！ フォロワーさんとのやり
取りも楽しく、趣味のひとつになっています。

エクセルで見やすく書きやすい
フォーマットを作成

何にいくら使っているのか、固定費は今のま
まがよいのか、貯金はいくらできているのか
など家計の流れを把握。無駄な出費を減らす
ことができ、続けることも苦ではありません。

chiaki_chokin ⊕ ≡

プロフェッショナルダッシュボードを見る

293
投稿

8.5万
フォロワー

183
フォロー中

ちぃ ⌨️：貯金も暮らしも無理せず楽しむ
個人ブログ
貯金0から始めた家計管理
💰年間200万円貯金達成
頭金0でマイホーム... 続きを読む
room.rakuten.co.jp/room_nachiore/items

| プロフィールを… | 広告 | インサイト |

extra routine
おまけの
ルーティン
14

節約情報はこまめにチェック！
買い物はポイントも有効活用

貯金が好きで趣味のひとつになっています。
ただし我慢するのは嫌いなので、欲しいもの
を少しでも安く買うように節約。現金だけで
はなく、ポイント還元のお得さも大事です。

SNSだけではなく
書籍から本物の知識を得る

最近はつみたてNISAやふるさと納税にチャレ
ンジしました。今まで何も知らずにいたので、
無知は損だと痛感しています。資産運用につ
いては正しい知識を得るために勉強中です。

column

05

毎日を上げてくれる
ファッションアイテム

いつも身につけるものだからこそ、とっておきのものを選びたい。
良質な素材を使ったアイテムが勢揃いです。

WASH（ウォッシュ）
フラットパンプス

皮を折ったようなカジュアルすぎないデザイン。リラクシーでもフォーマルに着用できるものを選ぶことが多く、色違いも持っているほどヘビーユースなアイテムです。

01

建築家
二人暮らしさん

02

奏（KANA）さん

スナオクワハラ
綿100% ストール

モノトーンのファッションのアクセントになってくれる優れもの。肌寒いときは、さっとこのストールを首元に巻くだけで、コーディネートが完成しちゃいます。

アクアマリンの指輪

昔、父が母に贈ったものなのですが、もうつけないので私にプレゼントしてくれました。ここぞという頑張りたい日や寂しくなった日につけると、元気がもらえる気がします！

03

mii

miiさん

05

みほさん

無印良品
ジュート マイバッグA4

スーパーの買い物バッグとして使っているのですが、いかにもエコバッグらしいのではなく、シンプルかつおしゃれでマチが広く、ものがたくさん入るのでおすすめです。

126

07

多香さん

曽田耕
ラスカバン

1枚の革をカットワークして作られたバッグ。材料は厚手のヌメ革で、とても丈夫。何より、飽きがこない！　いろいろなコーデに合わせやすく、手放せません。

Mimi（ミミ）
ショルダー＆ハンドバッグ

09

よりさん

洋服は着心地と清潔感を重視して定期的に買い替えますが、カバンや小物はお気に入りを長く愛用しています。映えるシルエットと、手になじみやすいレザー感が魅力。

11

miuさん

IL BISONTE（イル ビゾンテ）
ショルダーバッグ

いただきものの黒いショルダーバッグは、どんな服装にも合わせやすい！　長く持ち続けるため、休日に革のお手入れをすることも癒しの時間のひとつとなっています。

Tiffany & Co.（ティファニー）
ハーフエタニティ

12

ぬつさん

結婚指輪は24時間身につけるものなので、「好きなブランドでキラキラしたのがいい！」と選びました。見るたびに胸が躍るので、好みのデザインを選んで大正解でした。

13

まこさん

ZARA HOME（ザラホーム）
エプロン

主婦の制服ということで、服と同じようにエプロンもかわいくて着心地のいいものを集めています。丈夫で汚れも目立ちにくく、部屋着と合わせやすいところもお気に入り。

おうち時間がもっと楽しく、心地よくなる

暮らしのルーティン

2021 年 8 月 24 日　初版第 1 刷発行
2021 年 9 月 20 日　初版第 2 刷発行

発行者　　　滝口直樹
発行所　　　株式会社マイナビ出版
　　　　　　〒 101-0003 東京都千代田区一ツ橋 2-6-3　一ツ橋ビル 2F
　　　　　　TEL:0480-38-6872 (注文専用ダイヤル)
　　　　　　TEL:03-3556-2731 (販売部)
　　　　　　TEL:03-3556-2735 (編集部)
　　　　　　MAIL:pc-books@mynavi.jp
　　　　　　URL:https://book.mynavi.jp

印刷・製本　　株式会社大丸グラフィックス

デザイン　　　関根千晴、椎名久美子 (STUDIO DUNK)
執筆協力　　　宮本貴世
企画・編集　　石原佐希子 (マイナビ出版)
　　　　　　　日根野谷麻衣 (FIG INC)

注意事項